生まれ変わったらパリジェンヌになりたい

淡谷のり子

Awaya Noriko

早川茉莉 編

生まれ変わったらパリジェンヌになりたい

生まれ変わったらパリジェンヌになりたい

Contents

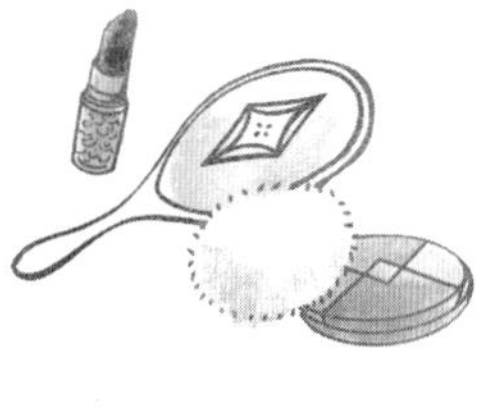

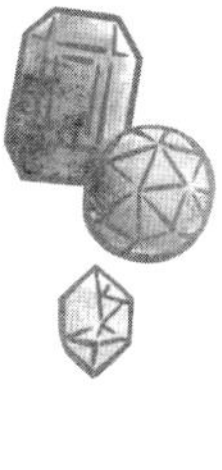

Contents

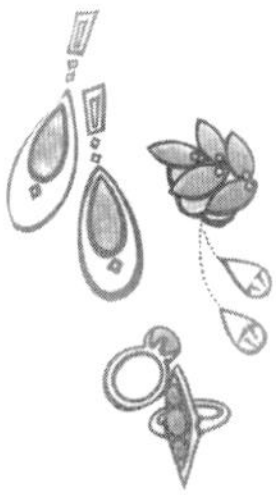

Chapter 1

あなたの正しいと思う道を歩みなさい

私の歩んできた道——没落、上京、そして音楽学校へ

私は誰よりも長い間歌を歌い続けてきました。死ぬまで引退する気もありませんから、これからも命ある限り歌い続けていくにちがいありません。

私の一生を語るとき、歌は、絶対に欠くことのできない大きな大きな存在ですが、実は私自身、歌手になろうと考えたことは一度もなかったのですから、人の一生なんて、ほんとに何が起こるか、予測もつきません。

私は、学校の授業の中でもことに作文が好きで、実際私の作文は国文の先生によくほめられもしましたので、すっかりその気になって、将来は作家か新聞記者になろう、と思っていたのでした。ですから当時は文学少女気どりで、いろいろな作家の本を手当たり次第に読んでいました。私のその後の人生でいろいろとかかわりの深くなる年若い叔父の影響もあって、作家ほどいいものはない、と私は信じていたのでした。

もうひとつ、なりたかったものがあります。学校で先生に、

「大きくなったら何になりたいですか？」

なんてきかれると、迷わず、

「芸者《げいしゃ》！」

といっていた頃がありました。当時はそういう質問には「学校の先生」とか「看護婦さん」という答えが普通でしたし、「芸者」なんてものは良家の子女が口にすべき職業ではなかったので、相当顰蹙《ひんしゅく》を買ったことでしょう。私は単に芸者の成りの美しさに魅了されたのであって、芸者というものがどういうことをするのか皆目《かいもく》知りませんでしたから、無邪気なものでした。

それも周囲の者に、

「おまえみたいなオカチメンコは芸者にはなれないんだよ」

と一蹴《いっしゅう》されておシマイでした。

とはいっても、歌との出会いは早かった方で、幼稚園のときから歌が上手だからと、学芸会や何かの折には必ず歌わされたものでした。

〽私の人形は　よい人形
　目はぱっちりと色白で……

この歌を小さいときに歌ったのはひどく印象的で、まだ記憶の底に残っているほどです。

女学校へ進んですぐに、シューベルトのセレナーデを英語で歌わせられました。英語の先生に発音を直してもらいながら。

そのとき、音楽の先生が、

「あの子に音楽をやらせるように音楽学校へ進めるべきだ、変わった声をもっている」

と言ったそうなのですが、私はただ歌わされているという意識しかなく、まだまだ歌をめざす気にはなっていませんでした。

ただ、美しいものが好きなことにかけては誰にも負けないほどの自信がありますから、音楽も自然に私の体の中に浸透していったのでしょう。

当時、母も、オペラ〈蝶々夫人〉で国際的スターとなった三浦環《たまき》さんや、女優の松井須磨《すま》子《こ》さんにとても憧れていて、レコードもたくさんありましたから、私もそれらの歌を全部憶《おぼ》えてしまいました。当時は流行歌といっても、本当にいい歌ばかりでした。それはもう、いまとは全然違いますよ。

女学校三年のとき、ぜひ歌ってくれとたのまれて映画館で歌ったことがありました。映画が始まる前に、客席からは見えない所に立って歌うのですが、マイクロホンもなしでよく歌ったものと思います。

歌ったのは松井須磨子の〈さすらいの唄〉で、

〽行こかもどろうか
　オーロラの下を……

もちろん誰にも内緒でやったことでしたが、やっぱり見つかってしまって、こっぴどく叱られたものでした。

こうやって小さい頃から人前で歌を歌っていながら、一度も、歌い手になろうとも、なりたいとも思わなかったのですから不思議です。

「なんで私はこんなに歌わなくちゃならないのかしら」

と仕方なく歌っていたのですから。

§

私の生家は青森の大きな呉服屋で、店員が二、三十人、女中も十四、五人いるという大きな店でした。私はそこのお嬢さんとして、裕福にわがままいっぱいの暮らしが許されていて、この世に「貧しさ」というものが存在することすら知りませんでした。

ところが、世の中とはそうはうまくいかないもので、その大店《おおだな》が左前《ひだりまえ》になり、私は母と妹の三人で東京に出てくることになったのです。ともあれ、私の運命は大きく変わっていきました。

余談になりますが、幼い頃の私は舌がまわらず、自分の名前「のり」を、「ノナ、ノナ」といっていました。若い叔母たちは、私が大分大きくなるまで、私のことをこの「ノナ」という愛称で呼んでいました。旧家の娘たちの心を揺さぶったイプセンの『人形の家』の「ノラ」がそのイメージとなっていたのかもしれませんが、その後の私は、生きるために「ノラ」になっていたのも面白く、そして皮肉な偶然だといまにして思います。

上京した私たち母娘三人は、目黒の祐天寺《ゆうてんじ》に近いところに小さな家を借りました。故郷を出るとき少しは持ってきたお金もすぐ底をつくことは目に見えていたので、母は「お仕立物《したてもの》いたします」と小さな看板を表に出したのです。

作家になりたい、という私の希望をきいて母は、

「作家といっても、あんたには才能がないでしょう。音楽をやりなさい、声楽家になるのよ」と強くいいました。いまにして思えば娘の才能のありかをよく知っていたものだ、と感心しますが、母はなぜそれほどまでに私をクラシックの歌手にしたかったのでしょう。

憧れの三浦環さんが青森から出ていたから、という理由があったにしろ、当時私を音楽学校

に進めさせられるような経済状況ではなかったので、当人の私すら首をかしげてしまうのです。

本当に母はいったいどんな気持ちで、私に音楽学校などすすめたのか。実際、私はその頃学校などどうでもよかったのです。

しかし、東洋音楽学校へ進んだことで、文学志望はどこへやら、もうぐんぐんと音楽へ魅せられていくのが止められなくなるようでした。ピアノのポーンという音ひとつで、私の体の血管という血管に、新しい血がさっと流れ入ってくるような思いがしたものです。

初登校の日、先生に、

「君は何を志望するのか」

ときかれました。そんなこと真剣に考えたこともありませんでしたから、

「何でもいいです」

と答えていました。

「何でもいいじゃ、しょうがないじゃないか」

「えーと、なんだか歌だそうですよ」

まるで他人事です。すると、

「歌なんて軽くいうがね、そう簡単に歌えるものではないんだよ」

ということで、とにかく最初はピアノだといわれ、ピアノ科に入ったのです。

ところが私の家ではピアノなど買えるはずもなく、ピアノの練習もできないピアノ科の学生なんて、櫓《ろ》を流した船頭《せんどう》のようなもの。結局、

「あなたにはピアノの才能がないのよ」

で、ピアノはおしまいです。

そうこうしているうちに、運よく荻野《おぎの》綾子《あやこ》先生の教室に入ることができ、フランスの歌曲を勉強し始めました。先生はとても親切に指導してくれて、ひとりでに、持っているものすべてが、引き出されるようでした。

それまで気づかずにいたものが、先生のちょっとした注意で、ぐんぐんと伸びるのが、自分でもわかる気がしましたし、新しい世界がひろびろとひらけて、限りもなく私を呼んでいるようでした。

「先生」というのは、まさにこうでなくてはならないわけで、いまのただ決められたことをつめ込むだけの教育では、個々の才能など目覚めたくとも、目覚めるべき朝の訪れさえ望めないではありませんか。

また、学校には柴田《しばた》秀子《ひでこ》先生という素晴らしい声の持ち主の先生もいました。先生の歌う

〈カルメン〉の〈ハバネラ〉に、私は心からつき動かされたのです。人間の声が、こんなにも美しく、こんなに魅力に富んだものであるとは、私はそれまで知りませんでした。生まれてきた幸せをつくづく感じるのは、そんなときでした。

荻野綾子先生について勉強を始めてまもなくの頃、先生がこうおっしゃいました。

「あなたの声は変わってるのね」

私は、「つまり、あまりよくないってことね」と早トチリ。ピアノは才能がない、声は変わってるでは、救いがたいな……と悲観《ひかん》してしまいそうでした。

先生は重ねてこうもいいました。

「よく勉強しなさいよ、歌というものは、本当に難しいものだからね。そんな声をしていて惜しいと自分で思わない？」

それで、そう悲観することでもなさそうだとは気を取り直したのですが、さて「変わっている声」だの「そんな声」だのといわれても、私にはどんな声なのか自分にもわかりませんから、首をかしげるばかりでした。

明日にも母娘三人、飢え死にしそうな暮らしをしていたにもかかわらず、私はそうした音楽の世界に、ぐんぐんと引き込まれていきました。歌っているときは、いやなこともすべて忘れて、豊かな満ち足りた思いになれたからです。

いいと思ったらすぐ実行する。すぐ取りかかる

禁酒禁煙《きんしゅきんえん》ができて、自信を持つことができた私は、そのときの体験から、人生は、あとでツケを払うよりは、いま、苦しさを乗り超えることによって幸せをつかむことができるものだということを知ったように思います。私たちは、ともすれば、これはいましたほうがいいと知りながら、〝そのうち、そのうち〟と後回しにしてしまいます。本当に怠け心という奴は、ちょっとした隙《すき》にでものさばってきて私たちを食い物にします。しかし、人生というのは、そんなに時間がないんですね。いいと思ったらすぐ実行する、すぐ取りかかる。それでも、私たちのできることはほんのわずかのことでしかありません。

そうそう、あのとき、酒といっしょに私は煙草もやめましたが、これはお酒より断ち切るのがむずかしかったですね。いのち同様の歌のためにやめたつもりでしたのに、いや、やっぱり私は、まだまだ甘かったのでしょうね。自分のふがいなさを思い知らされたものです。あれは、ノイローゼというのでしょうか。ステージで歌っていると、目の前を煙草がスー、スーと通っていくのです。一本、また一本、……とね。

煙草は咽喉《いんこう》を荒らしますから、歌によくないのは当然です。美声を守る人に煙草を吸う人はいません。私は歌手ですから、人の性格を声で感ずるのです。カン高い声を出す人は、生理的に嫌いですが、煙草で嗄《しわが》れた声がいちばん嫌いです。

〈いま、やめなかったら、のり子、お前は、歌手としては落第になる。それでもいいのか？〉

――そんなぎりぎりの思いがあったから、私はやめられたのです。

現在は、煙草の害は科学的に証明され、一本吸うとビタミンCが何十ミリなくなるとか、毛細血管の先の血行が悪くなって肌が荒れるとか、肺ガンの危険が叫ばれています。禁煙をすることは、現代人の節制の第一条件になりましたが、それも中年の方たちで、若い娘さんたちはどこ吹く風なんですね。それはいま張りのある肌をしているから、何をいわれても実感がないのでしょうね。しかし、私は言いたいですね。ツケは必ず年をとってから、回ってきます、と。

§

それにしても、私たちは、ほとんど、思い込みやこだわりで生きていると思いませんか。

若い頃は、その思い込みやこだわりが強いものなのですね。といって、私はそれが必ずしも悪いことだとは思いません。目的のあるこだわりは、エネルギーとなって、精神力を強くし、その人の花を咲かせることになるのですもの。私にしろ、歌にしがみつき、歌こそわが人生と、思い込んだからこそ、こうしてここまで歩いてこられたのです。ひとつのことをなしとげようとすれば、日夜、心をこらすのは当然のことですし、そうあらねば、どんなことも遂行できません。〝思い込んだらいのち懸《が》け〟ということばもありますように、どんな人だって、いのちを懸けて思い込めば、物事は成るのではないでしょうか。しかしです。この思い込みが自分を閉じ込め、心がマイナスに作用するとどうなるでしょうか。

「教育を受けたわけではなし、才能があるわけでなし、平凡に生きる以外にありませんわ」

「専業主婦を三十年もやってしまったんですもの。いまさら、社会に出るなんて……」

「たまには、思い切ったおしゃれもしてみたいとは思います。でも、私にはちょっと無理。似合わないに決まってますもの」

ある会合で、こんな女たちの声を聞きました。私は思わず、心の中で呟《つぶや》きました。ああ、もったいない。もったいない。そんなふうに思い込んでいては、人生もったいないと。第一、愉《たの》しみを逃がしてしまうではありませんか。こういう思い込みは、ちょっと年を重ねた方に多く見かけられるのですが、私にはとても残念に思えるのです。これは、これまでの日本の女性観のもたらしたひずみかもしれません。しかし、そういってすまされる問題ではありません。人生は誰にとってもたった一度、それっきりなんですもの。

「そんなことがあるものですか。あのね、ちょっといつもとね、目の向きを変えてごらんなさいよ。才能や能力は誰にでもあるのよ。発揮《はっき》してみなければわからないでしょ。主婦を三十年もやっていたら、あなたはきっと家事のベテランでしょう。家庭料理だってお上手でしょう。私のように何もできない人間にはうらやましい限り。いまは高齢化の時代でしょう。たとえばその力をお年寄りのお役に立てることだってできるんではありませんか。若い働く人たちのお役にだって立てるのではありませんか」

「おしゃれだって、思い切って、好きなものに挑戦してみれば、思いがけない自分が発見できるのではないかしら」

と、そのとき、私は申し上げたのですが、自分自身に対するそういった思い込みは、取り払ってしまえば、つまり、視点を変えれば、違った風景がひらけてくるのですね。そう、あなたがいまと違った自分になりたかったら、ちょっと目の向き、心の向きを変えてみることをおすすめします。必ず違った人生の風景が見えてきますよ。

そんなふうに考えて、六十をすぎてからもう一度人生をスタートした人を私はたくさん知っています。どうか、あなたも、心の向きを変えてください。素敵な自分が見えてきますよ。

幸福はそれを望む人の心の中にある

あれは、去年の夏のことでした。

熱帯夜《ねったいや》が幾晩も続き、その日も朝から温度計は、二十八度をさし、昼すぎには、三十度をこす暑さになりました。

私は、好きなクラシックをききながら、妹とふたりで久しぶりの休日を愉しんでいました。

突然、玄関に訪問者のベルが鳴りました。

出ていった妹がなかなか戻ってきません。不思議に思っていると、玄関のほうで、話し声がします。

妹が案内してきた人は、中年の女性でした。どうしてもお礼がいいたいことがあって、私を訪ねてきたというのでした。

「二十二歳のとき結婚した私は、今年で結婚十八年になりました。今日、突然、失礼とは思いながらおうかがいしたのは、夫のことです。一人息子も高校に入り、長年の共稼ぎが叶って千葉のほうに家を建てることもでき、ほっとしたのも束の間でした。それまで真面目に働いていたと思っていた夫に女がいたことがわかったのです。しかも、もう三年も続いていたとわかったときのショック……」

細面《ほそおもて》でセンスのよい洋服をまとったその人は、心持ち低い声で静かに話しはじめました。

信じていた夫の変化に妻はあわて、驚き、そして次には、絶望の淵《ふち》に沈みこんで、ノイローゼ状態になり職場も休むようになってしまったというのです。

そんなある日、なにげなく見たテレビで私のいったことばがヒントになって、彼女は、自分を見つめ直すことができたというのでした。

私は、そのとき、テレビでなにをいったのか忘れていました。

「人間は考えようで、幸せにも不幸にもなる。幸福や不幸は、人が運んでくるのではなく、自分の心がつくり出すものだ、と先生は、そのときおっしゃったのです。長い間、平穏になれた生活をしていましたから、私は、どっぷりと夫に甘え、愛という傘の下で安《やす》んじ切っていたんです。その夫が、私の知らないところで、私の知らない女と、私とは別の時間をもっていた……。でも、夫にうらみをもっても問題は解決されない。私の考えが変われば、私は救われるのだ……。私は、目が覚めた思いで、先生のことばが心に入ってくるのを感じました。夫が外に女をつくったことを、私は自分に与えられた試練だと思うことにしたんです。そう思いを決めましたら、心がスーッと軽くなりました。夫には、追及の目を向けまい、自分を磨くことに心がけよう、と、そんなふうに思うことができるようになったんです」

その人は声を弾《はず》ませて語りました。

聞いていて、私も心和《なご》んでくるのを感じました。私は、自分のいったことよりも、この人の自分を律する精神の強さと知性に感動しました。

「本当によかったわ。私は何もしたわけではないけれど、幸福になってくださいね」

その人は二時間ほどわが家にいて、帰って行きましたが、彼女がお礼にといっておいていったばらの花束を見つめながら、私は、いつまでも、ソファーに坐ったまま、彼女のいったことばを噛みしめていました。

「幸福というのは、本人の思い方次第なのですね。自分の心の中にすんでいるんですね……」

私は、その人の見たというテレビで何をいったのか、いまだに思い出せないでいますが、私は、傾きかけた家で送った少女時代も、上京して音楽学校に入学したものの、貧乏でモデルをした時代も、いくつかの恋を重ねたとき、思わぬ男の心の裏側をのぞいたときも、自分をみじめな人間だと思ったことはありませんでした。

私にとって、ままならない現実は、乗り越えるべき人生の一場面であり、私の心は、いつも次に挑戦するべきものに向かって燃えていました。

おそらくそういう私の性分は、多分に母から受けついだものでもあったろうと思います。

母は、私たち二人を連れて上京した三十三歳の女盛りの季節を、私のために賭け、そして八十八歳で亡くなるまで、ずっと私の傍らで、私を見守ってくれたのでした。

夫にそむかれて家を出、その日の糧《かて》に追われた東京暮らしの日々。母の意にそむいて流行歌手への道を選んだ私を信じた母。父のない子を生んだときも一口も迷いのことばを吐かなかった母。

――私は、母の顔に怒りや悲しみや悩みの表情を見たことはありませんでした。

母親の生きざまこそ、子どもにとっての最大の教師であるといったのは誰であったでしょうか。私は、本当にそのとおりだと思います。

同じひとつのこと、たとえば逆境でさえ、それを受けとめるにしても、それを悲観的に受けとめるか、積極的に受けとめるかで、人生はまったく違ったものになるのではないでしょうか。

幸福はそれを望む人の心の中にある、と私は信じて生きてきました。

苦しみはいつか喜びに変わる

徳川夢声《むせい》さんから生前に、「なんだかお前さん、だんだん仏面《ほとけづら》になってきたなあ」といわれたことがありました。

最近になって、知人の一人からも同じようなことをいわれたので、夢声さんのことばを思い出したのですが、仏さまに顔が似てきたというのは、どういうことなのだろうと考えてみました。

おそらく二人とも、赤ん坊がそのまま成長しておとなになったような私のある部分を、そう表現したのでしょう。改めて鏡をのぞきこんでみて、なるほどと自分でもなんとなくうなずける面があったとはどういうことでしょう。

私はあらゆる苦労を超越してしまうほど立派な人間ではないけれど、わりに苦労を苦労とは感じないあどけなさをもっているということでしょうか。いや、自分でいうのもおかしいのですが、実際にわれながらあどけないところがあるのです。

人さまが、苦労といわれることにも深刻に対峙《たいじ》することがないせいかと思われます。今日が愉しくすごせればそれでいいではないかという開き直りもあるかもしれません。

悩みといえば、歌についてあれこれ真剣に考えることくらいでしょうか。他のことはわりに無頓着《むとんちゃく》な私も、こと歌については〝あどけなさ〟は通用しません。

――このところはどうしようかな？

――今度はここに新しい工夫を入れよう。

といった歌い方の問題から、

――次のステージではどのドレスにしよう。

といった問題まで、思案《しあん》の種にはこと欠かないわけで、悩みといってもこれは楽しい悩みといえるものですね。考えた結果が、舞台の上で実ったときの成功感は、あの苦しみを忘れさせてくれます。人間は、どんなに苦しくても、それが成功したときは、喜びに変わるものなのですね。

そうです。私は、嫌なことはつとめて考えないようにしているのです。何も好んで自分を悲しみに引きずりこむことはないと思っています。与えられた時間をせいぜい楽しく暮らせればよいわけですが、近頃、私は自分があまりにも丈夫《じょうぶ》で、このままでは死なないのではないかと心配になるくらいです。こんな状態の私ですから、人から仏面になったなどといわれることになったのでしょう。なんとも幸せなことだと思っています。

私がいまいちばんに願っていることは、最後の日まで少しでも美しく生きていきたいということです。外見ばかりでなく、心をきれいにしていきたいのです。

私がいちばん嫌いなことは、他人に迷惑をかけることです。

「人さまに迷惑をかけてはいけないよ。もし、そうなりそうなときには、あくまで自分で責任をもつのだよ」

と、いうことを私は子どもの頃によく祖父からいわれたものですが、いつもそのことばを、私の人生のモットーとして心に深く刻んで生きてきました。

世の中には、人の心を足蹴《あしげ》にしたり、あることないこと中傷《ちゅうしょう》したり、ということを平気でする人が意外に多くいるものです。私も、そんなかたちで裏から嫌がらせをされたことが、ときどきありました。なぜ本当のことだけを、本人に面と向かっていうことができないのでしょうか。少なくとも私は、そういう卑劣な真似だけはしたことがありません。

人間の心のみにくさというものは、微妙に声にも影響するものです。悪事を相談するとき、人は決して美しい声で話してはいないと思います。反対に、愛し合った者同士は、澄んだ美しい声で語り合うでしょう。

美しく生きるための女のおしゃれには、やはりある程度のお金と時間が必要になります。私は美容やドレスにはお金を惜《お》しみません。

「次のステージはあのドレスを着よう」

と、考えただけでも、体に張りと輝きが出るような気がします。

いまの私は、酒は飲まず、煙草も吸わず、麻雀もしません。おしゃれ以外のことはあまりしないといえるでしょう。酒、煙草、麻雀などは若い頃にさんざんやって、いまは卒業してしまっています。ギャンブルも好きでした。

上海にいったときのことでした。連日遊び歩いたのはいいのですが、いざ帰国となって気がつくと、手もとには十ドルしかなかったのです。その金額では帰国できません。すっかりあわてた私は、ハイアライという賭博場に連れていってもらい、あり金を全部出して勝負しました。幸い運がつきました。勝ったから無事帰国できたものの、もしあのとき負けていたらと思うと、いまでも恐ろしい気がします。

酒も煙草も麻雀も、そしてギャンブルも子どもができたのがきっかけで、みんなやめてしまいました。それからは、私には歌とおしゃれだけが残ったのです。趣味といえば、香水とちりめんの風呂敷を集めたりしていますが、これもおしゃれの部類にはいるでしょう。

レース編みも大好きです。仏面の私が、レース編みをしてる姿など想像できないと思う人もいるでしょうが、赤ん坊がそのままおとなになったようなあどけない女には、いろいろな面があると思ってもらうしかありません。老眼《ろうがん》などで、編むより見て楽しむことが多いこの頃ですが。

あなたの正しいと思う道を歩みなさい

昭和三十二年から足かけ八年にわたって、私はラジオの身上相談《みのうえそうだん》で回答者をしていたことがあります。そのときの体験は、私にさまざまな人生のあることを教えてくれました。同時に、「なんでこんなことくらい自分で解決がつかないのだろう」と、相談者の人生への自信のなさにあきれたこともたびたびでした。私には、自分の悩みごとをこんなかたちでさらけ出すことはとてもできないとも思ったものです。

相談する人もいない、ただ悩みをかかえて悶々《もんもん》とした毎日を送っている、そんな人たちにとって、身上相談は、たしかに心の救いになるのかもしれません。しかし、最終的に生き方を選ぶのはその人自身です。

「あなたが正しいと思う道を選んでください」

私は、回答のあとにいつもそうつけ加えました。

しかし、回答をしながら、私の心の中には、いつも、あるわだかまりが残りました。「どうして、こんなに自分の悩みをやたらと人前にさらけ出さなければならないのだろう」ということです。法律とか医学的な問題でしたらやむをえないでしょうが、それとても家庭裁判所やそれぞれの問題に適当な窓口があるはずです。

わざわざ知られなくてもいい多くの人に知られてしまう、ラジオやテレビの番組に相談する人の気持ちがわからないとは、回答者としての私は失格《しっかく》ですね。

しかも私のそんな思いは、八年間回答者をしているうちに、ますます深まっていきました。相談内容がだんだんひどくなってきたのです。当初しばらくの間は、暴力、酒乱、ギャンブル、浮気など男の身勝手な行動に悩まされている女の相談がほとんどでした。ところが、八年目の終わり頃はどうでしょう、身勝手な恋のために子どもを捨てて蒸発したり、自分からとびこんだ浮気の後始末にこまったりした女たちが、相談者の主流になってしまったのです。

私はそんな女たちの告白をききながら、自分の子も満足に育てられないような女が、なぜ結婚して子どもを生んだのかと、腹立たしく思いながらも、私も女の一人として恥ずかしくて仕方ありませんでした。そして、私が回答者の席にいること自体に、いたたまれない気持ちをいだきはじめました。

どんな結果を招いたとしても、それが自分とのかかわりの中で起きたことなら、自分で責任をもって解決していくのが大人の女の生き方ではないでしょうか。せっぱつまったからといって、人に頼ることなどできないはずだと思います。

女の自立ということが、叫ばれるようになって、最近ようやくその意識が定着してきたようで、私は、とても喜ばしいことだと思っています。

「自立」といえば、私には、おかしな思い出があります。

あれは、もう五、六年ほど前のことだったでしょうか。そのとき、ある婦人雑誌の記者から女の生き方についてインタビューをうけていました。

「ところで、最近は、女も仕事をもつのが当然と考えられていますが、女の自立についての考えをうかがわせてください」

若い婦人記者が突然言いました。

「はあ？　なんです。それ？」

思わず私は言ってしまいました。一瞬記者は、蔑《さげす》みの目を私に向けました。若い記者が、何を思ったかはどうでもいいことですが、私は、胸の内で「何をいまさらそんなことを言うのだろう。おかしなことをきくものだ」と思っていたのでした。

女の自立などと、こと新しくいわなくても、人間は、親の手許をはなれたら、経済的にも精神的にも自立しなければならないのは当然のことでしょう。

「そんなものはね、始めからあることなのです。自立した女が、一人の男を選んで結婚し、主婦になったはずですから、「何をいまさら！」と思います」

と答えたのでした。記者は突然、瞳を輝かして、

「わっ、本当だわ。結婚して夫に養ってもらおうなんて、一人前の女とはいえませんわね。小さい頃は親に甘え、結婚したら夫に甘え、老いたら子に甘えるという女の生き方は、女をひとり立ちのできない人間として扱う封建《ほうけん》時代の名残りですわね」

何度もうなずきながら、自分にいいきかせるように彼女は語ったものです。彼女が帰ったあと、それにしても、私の〝男に頼らない〟性分《しょうぶん》は、どうしてできたんだろうと、しばらく考えたものです。

女の自立には、その人の生い立ち、わけても、母親の育て方が大きくかかわっているように感じます。娘たちには仕事をもたせたいという強い願いをもって育てられた私たち姉妹には、女が働くということは当然のことでした。理屈の入りこむ余地のない性分にまでなっていったのです。

人生は理屈で左右されるものではない

経済的にも精神的にも、私は人生の中で人に頼ったことはありませんでした。母娘三人の東京での貧しい生活でも、私はわびしさはまったく感じませんでした。自分で働いてお金を得る自分の行動には自分で責任をもつということは、私にとっては信条でもなんでもなく、ごく当たり前のことでした。

考えてみれば、私は物心ついてから、親にまとまったお金をもらった思い出がないのです。私はそれを寂しいとは感じないで、むしろ依頼心を植えつけられなかっただけ、幸いだったと思っています。

そういう女ですから、私は男にとってはさぞ可愛げのない女だったことでしょう。甘えることのできない私ですから。足かけ三年の夫婦生活の中で、私はどんなことも夫に頼ろうとしないで自分で解決しました。夫が家をあけても、寂しかったと甘えることもしないで、いつも平然としていました。

お互いに頼り合う夫婦よりは、一人一人が自分の足でしゃんと立っている夫婦のほうが私には快適に思えたのです。夫は自分によりかかってくれる可愛らしい妻を期待していたのでしょうが、私には性分《しょうぶん》としてそれはできませんでした。

それに、結婚の動機からして、私は可愛い女ではなかったのです。私が夫になった和田肇《わだはじめ》に惚《ほ》れたのは、彼のジャズピアノの演奏で私が歌ったら、どんなにかステージが立派になるだろうと思ったからでした。それに、彼といっしょに暮らしていれば、私の歌そのものもよくなるだろうと思いました。

私の恋心も、結局、そうした打算《ださん》に裏づけられていたわけで、私にはわれを忘れて惚れきったということは娘の父になった男とのたった一度だけしかありません。私が和田に注目したのは彼という人間ではなく、彼の容姿《ようし》とピアノでした。と、いうことは、私自身、一人の女としてではなく、いつも歌手として彼と向かい合っていたということでしょうか。

彼にとって、そんな結婚生活は耐えがたいものだったと思います。やがて彼には女友だちができ、私にも男友だちができて、ひとつ屋根の下にいて何日も顔を合わすこともなく、それでいてお互いに不便や不快を感じないようになっていました。

外出先で偶然に出会ったとき、「やあ!」「しばらくね」と挨拶を交わしたことも一度や二度ではありません。

人生は理屈で左右できるものではなく、確かなのは、いつも〝それをしてしまった〟という事実だけであり、大切なのは、〝これから先をどう進むか？〟という自分の判断がすべてではないでしょうか。

それは、人に相談して決めるものではない、自分で選びとるものだと思うのです。

貧しくとも希望が胸にいっぱいつまっていた

私が演歌を嫌いなのは、それを音楽として認められないということのほかに、もうひとつ理由があります。それは、演歌のもつ貧乏臭《びんぼうくさ》さが、私にはとても耐えられないからです。でも、こういう傾向は、何も演歌だけに限ったことではなく、日本の歌謡曲というもの全般に共通して見られるもののようですね。演歌は日本人の心の歌、情念《じょうねん》のメロディーにはちがいありませんが、その中にちらつくもの欲しげな心が、私には、たまらなく嫌なのです。

貧乏臭さとは、いってみれば精神の貧しさ、もの欲しげな心のことです。たとえ、経済的に貧乏でも、心までその貧しさにすくわれなければ、人間の心は貧乏臭くはなりませんものね。

私も、母娘三人、身を寄せ合うように上京し、西も東もわからない東京での暮らしが始まったその頃、まさに貧乏のどん底生活をしました。その日の米代にもこと欠くくらいの生活の苦しさが襲ってきました。それでも私は、世を恨んだり、他人の幸せを羨《うらや》んだりして、すねてすごしたというような記憶はまったくありません。楽しく貧乏をしました、などといえばいかにも立派な心の持ち主のように思われますが、そんなたいそうな心がまえで生きていたわけではなく、当時の私には貧乏も苦にならなかったというだけのことです。

いまにすれば、あのときは自分なりの将来への目的があったからだ、といえますが……。

〃いまはこんな生活をしてるけど、これがいつまでも続くわけではない。この貧乏はとりあえずの貧乏で、いまはたまたままわり道をしているだけのこと。もうすぐ本来の私が歩くべき道に出られるはずなのだ〃

未来への希望に胸がいっぱいだったからこそ、満足な食事もとれない生活にあっても、心まで貧しさにすくわれることがなかったのだと思います。とはいうものの、当時の私に、将来の道が開かれるなどという確証はなにひとつあるわけではなかったのです。それでも、不思議に私はそれを信じていることができたのでした。

よく、家庭の不幸が子どもの心に暗い影を落とすということがいわれます。しかし、私の場合、幸いにもそんなことはありませんでした。これは私の性分なのでしょうか。

青森一といわれた呉服屋に生まれたものの、店は青森大火で焼失してしまいました。すぐ再建はできましたが、父の放蕩《ほうとう》でこんどは倒産の憂き目にあってしまったのです。そのため一家は離ればなれになり、私は祖父母とともに荒れた別荘で暮らすことになりました。

客観的にみれば、やはり暗い家庭だったかもしれませんが、その中で少女期をすごした私は、そんな境遇にうちひしがれて暗い影響を受けたという記憶は過去のどこをたどっても出てきません。

祖母が亡くなって私がやっと母や妹と暮らせるようになったのは、私たちが故郷を捨てて上京する直前の頃でした。そのときになって、私ははじめて父と母の関係を目のあたりにし、父に対して激しい憎しみを感じました。しかし、厳密にいえば、その期間はあまりにも短かったので、私は母のいちばん苦しかったときの姿を見ることもなく育ったのでした。

東京に落ち着いてからのまさに〝赤貧《せきひん》を洗うかのごとし〟の暮らしも、不思議なことに、私の心には影を落とさなかったのです。満足に食べることさえできない生活をしながらも、精神的に貧しくはならなかったためか、人の目には私の生活苦は見通せなかったようでした。といっても、私は意識的に自分の貧しさを隠そうとしたことはなく、むしろあからさまであったとさえいえます。

音楽学校に通いはじめてからは、私のことを追いまわす男の子も現れました。

いま考えると、その男の子にも迷惑をかけたものでした。私が、自分の貧しさを隠すどころかあけすけにしていたからです。別にそれで同情を得ようというのではなく、貧しさでも、なんでも、隠したり体裁《ていさい》をつくってみたりしても仕方ないと思っていたからです。逆に、隠したりしたら、かえって私から貧乏臭さがにじみ出たかもしれません。

「明日は、私、学校に行かないわ」

その男の子と会った帰りに、私はごく自然にそう話しました。

「どうしてなの?」

「だってお金がなくなったもの。うちはいま貧乏でしょう。だから電車賃もないし……」

こんなことを好きな女からいわれた男は、いったいどんな気持ちがしたでしょう。いままでも思い出すと、おかしくなってきます。その男の子は、そんな私にいつも別れるとき箱入りのチョコレートをプレゼントしてくれました。その箱の中には、どこでいつ入れたのか、決まってお金が忍ばせてありました。私はそのお金で、なんとかその翌日も学校に行けるのでした。そんな日が続いたこともあります。

しかし、そんな生活も、上京した最初の一年しか続かず、二年目に入った頃には、すでにわが家の質草《しちぐさ》も底をついてしまいました。それまで、よその仕立物《したてもの》をしてつましく家計をやりくりしていた母も、外に出て働くことを考えるようになりました。私は、これ以上の苦労を母にしてもらいたくなく、まして、母が外に出て働くことなど大反対でした。そのためには、私が働くしかありません。

働こうと決心はしましたが、私は学校をやめようとは思いませんでした。学校は母の希望でもあります。そのために母は家を捨てたのです。ここで退学してしまっては、なんのために一年頑張ったのかわからなくなります。私は、退学でなく休学を選びました。ほんとうは休学もしたくなかったのですが、そうしないと食べていけないのだから仕方ありません。休学してその間に死にもの狂いで働き、稼いだ金でまた復学しよう。私は、自分にそういいきかせて休学届を出しました。

どんなに追いつめられても、「もうだめだ」と思ったことのない私です。いつの場合にも「きっと道は開ける」という信念のようなものが、心の底にありました。そして、「その道は自分で開いていこう」と心に決めるのでした。そのときもそう思ったのですが、といって、東京にまだ不案内な十七歳の私には、どこで何をすればよいか、まったく見当もつきません。

そんなとき、思い出したのが東京で画学生をしていた叔父の話でした。いつか叔父から聞いたモデルの話を思い出し、叔父に相談してモデルをしてみようと思い立ちました。当時、モデルの周旋屋《しゅうせんや》は上野の桜木町に〈宮崎〉というのが一軒あっただけでした。叔父に案内されて周旋屋の玄関に立つと、なまずのような顔をしたそこの主人がじろりと私を見ました。

「お前さん、大丈夫かい？」

と、彼が言いました。私にはそのことばの意味がつかめませんでした。

「……なにがでしょう？」

「裸になれるかいって聞いているんだよ」

モデルを志望したからには、裸にならなければ仕方ないだろうと思いながらも、私はできればコスチュームでいきたかったのですが……、

「コスチュームじゃ金にならないよ。モデルは裸にならなくちゃ」

という主人のことばに、

「そうですか。じゃ、なります！」

私の口から、あっさり返事が出ました。そして、この日からモデルが誕生したのでした。

おっかなびっくりはいったモデルの世界でしたが、私はすぐ売れっ子になり、モデルの仕事は一年あまり続けました。その間、私は、朝昼晩と毎日のように、美術学校、研究所、画家のアトリエなどとあわただしく東京中を飛び歩きました。生活のために裸にまでなって、というといかにも貧乏臭い感じですが、私はモデルになっても少しもじめついた気分はもちませんでした。まして、つらいとか、みじめだとか思ったことはありません。

私がモデルをしている間に、一家は少し広い家に引っ越し、母は学生さん二人を置いて賄《まかな》いつきの素人《しろうと》下宿をはじめ、さし当たって必要な金もなんとかできたので、私は一年間の休学だけで復学しました。私にとって、貧しさは、一種の人生への挑戦の精神を養ってくれたように思います。貧乏なんて少しも恐いとは思いませんでしたもの。

それにしても、日本の歌謡曲、とくに演歌はどうしてこうも貧乏臭く、いつまでたっても

抜け出られないような暗いムードばかりもっているのでしょうか。みじめたらしくて、悲しみにおそわれるものばかりです。これは、日本人そのものが抜け出ることのできない、貧しさ、悲しさを背負っているからなのでしょうか。

自分から逃げれば逃げるほど、生きがいも遠ざかる

仕事というのはどんな仕事でも、これでおしまいということはない、というのが、六十二年間、歌という同じ仕事の世界で生きてきた私の実感です。それは究《きわ》めれば究めるほど深く、広く、限りのないものなのですね。いくつになっても、これでよいということにはなりません。毎日の発声練習にしても、日によってうまくいく日もあれば、何十年やってもだめだなアと、ちょっとがっかりする日もあるのです。ただ、若い頃にくらべて、練習するのが、苦痛ではなく、むしろ、励みになり愉しみになりました。続けることによって習慣にすることができたのでしょうね。

おかげで、発声が、若い頃よりも、むしろ楽になったといったら、人は信じてくれるでしょうか。それが、本当にそうなのです。私がいまでもこうして歌うことができるのはその賜《たま》物《もの》なのです。

考えてみると、人間の幸、不幸というのは、心の持ち方次第なのですね。よく、思うようにならなかったり、失敗したりしたとき、人のせいにする人がいますが、時折、そういう人

に出会うと、私は、腹の虫が動き出して、つい、怒りが爆発してしまいます。いったい、誰のために生きているというのでしょう。

「あなたの人生だもの。あなたが考え、あなたが選んでいるんでしょう。夫がこう言ったから、姑《しゅうとめ》がこう言ったからといって、結局、選択するのは自分自身でしょ。もう少し、自分を大切になさいな」

私の声もつい、荒々しくなってしまいます。明子さんもそうでした。明子さんとは、埼玉県に公演したときお会いしたのが最初でしたが、楽屋《がくや》におずおずと現われたときの彼女は、まるで、そう、魂《たましい》を失った人のようでした。聞けば四十八歳だといいましたが、まるで、六十歳、いや老人のように、ふけて見えました。

明子さんには子どもが二人います。お勤めをしている長男はその春結婚し、次男は大学に在学中。サラリーマンの夫は五十一歳。米寿を迎えた舅《しゅうと》と三つ違いの姑も、それぞれ元気で、はたから見れば、これといって、問題がなく、むしろ、恵まれた環境にあるといえそうです。

「私も、もうすぐ五十です。二十二のとき結婚して以来、約二十五年舅に仕え、夫のため、子どものために頑張ってきたつもりです。でも、この頃になって、それが取り返しのつかないことだったんではないかと思えるのです。私はいったい、何のために生きてきたんだろうって。そんな空しい気持ちに襲われるようになりました。考えたら、私には、何もないんですね。家のことは、舅や夫の気に入るようにしてきましたし、子どものことは、それは育つまでは生きがいでした。その子たちも私に背中をみせるようになりました。暗闇の中を歩いているようで、一時は真剣に離婚も考えました。この頃、私、お酒を飲むようになったんです。好きだというわけではないんですが、自分がいやでいやで……」

なんでもお話しなさいなと促す私に、明子さんは堰《せき》を切ったように一気に話しました。

「なんとかしなくっちゃと思って。今日は思い切って、リサイタルを拝見にきたんですが、先生のお元気な歌に惹かれて、図々しいとは思いましたが楽屋まできてしまいました……」

明子さんの頬に涙が光りました。

「大丈夫よ。人生にはやり直しなんていくらでもできるわよ。あなたが、そう思ったってことはすでにスタートしたってことですよ。自分を信じてあげなさい。舅や夫や子どものために向けてきた、その気を今度はね、自分に向けてあげるのね。それにはね。何はともあれ、まず、すぐにお酒をやめなさい。自分から逃げてはダメ！」

それから一年ほどたった頃でしたでしょうか。私の八十一歳の誕生日に、トルコ桔梗《ききょう》の大きな花束が届きました。カードには見覚えのない名前が書いてありました。

「お誕生日おめでとうございます。埼玉でお目にかかりましたときは、ありがとうございました。目の覚める思いでした。あのときから心機《しんき》一転《いってん》。まず、お酒はすぐやめました。いま、私は、町の福祉のお手伝いをしております。老人の家庭を訪問する仕事です。とても充実した毎日です」

小さいけれども力のこもった文字でした。最後には小野明子という署名がありました。私の胸にあたたかい波がひろがりました。

よかった、本当によかった。四十八歳といえば、私には娘のような年齢です。明子さんは自立した人生に目覚めて、自分を生きる愉しさ、自分を表現する手段を見つけてくださったんです。八十一歳の誕生日の最高の贈り物でした。

§

明子さんから贈られた花束を見つめながら、私は長い間忘れていた、私の〝酒断ち煙草断ち〟の日のことをふと思い出しました。

実は、私の酒好きは子どもの頃からで、初めてお酒の味を知ったのは、あれは七歳のときのことでしたっけ。

その頃、私の生まれた地方では冠婚葬祭《かんこんそうさい》を家でやる習慣でした。祝いごとがあると親戚や近所の人たちが大勢手伝いに来ます。子どもたちもついてきます。私が小学校に入って間もなくのことでした。私は親戚の子たちと一緒にちょっといたずらをして、台所にある酒樽《さかだる》からお酒を盗んで、みんなで飲んだのです。

まあ、そのおいしかったこと。私は大酒飲みの父の体質を受け継いでいたのでしょうか。みんながひっくり返ってしまったのに私だけぴんぴん。あとでさんざんに叱られましたが、そのときのお酒の味が忘れられず、毎朝、学校へ行く前に親にかくれて〝一杯ひっかける〟ようになったとは。冬、吹雪の中の通学ですから、体がポカポカしていい具合なんですね。

ところが、ある日、ほろ酔い気分の私は、机にうつぶしてウトウトしてしまいました。出席をとっても返事がないので、先生が私の席まで来ました。するとまあ、プーンとお酒の匂いがするではありませんか。

さっそく、うちの人が学校に呼び出されて大目玉を食らったのはいうまでもありません。

そういう酒好きの遺伝を持った私のことですから、芸能界に入って自分でおもしろいほど稼げるようになると、ずいぶん飲みました。ステージに出る前に、ボトルを半分あけたこともあるくらいです。それも戦前は〝水割り〟なんてヤボなものはありませんでしたから、だいたい、ウイスキーをストレートで飲んでいました。

もっとも、これにはちょっとわけがあって、その頃の私はけっこうあがる性質《たち》だったので、それで飲んでまぎらしたためもありますが。

その私が、突如禁酒禁煙の宣言をしたのは、忘れもしない昭和十四年五月十日、三十二歳のとき。歌手生活十年を迎えて、初めてのコンサートが日比谷《ひびや》公会堂で催され、私の専属バンドができた日のことでした。それは、歌手が楽団を持った第一号だったのです。その日を記念して、私は大決心をしました。

「私、今日から酒も煙草もやめる！」

すると、私のマネージャーが「どうせ三日坊主でしょ」といったのです。意地っぱりの私に、本当の禁酒禁煙を覚悟させたのはこのことばでした。「ようし、みていろ」とその日限り、お酒も煙草もピタリとやめたのです。

そのままなら、禁酒禁煙五十年と自慢できるのですが、残念ながらこれは第一次禁酒禁煙時代。戦時中の苦しい時代、私は半ばやけっぱちで、また酒に手をのばし、そのまま戦後は進駐軍の仕事をするようになると、酒の上に煙草まで吸うようになりましたっけ。

罰はてきめんでした。そのうち、食後三十分もすると胃に激痛が走るようになったのです。耐えられない痛みでした。お酒を飲んで歌うことは、声帯上よくないことも知っていました。その苦しみから、今度こそピタリと禁酒禁煙。神さまに誓って、いまに至るまで固く守っています。

たかが酒、煙草のことだって、気持ちの持ち方次第なんですね。しかし、私は、これができたとき、ひそかに自信が持てたことをいまでもしっかり憶《おぼ》えています。

ひとつのことに自信が持てると、大きく人生観が変わるものなのですね。やればできる！この自信がそのあとの私のじょっぱり人生を支えていることはいうまでもありません。明子さん、本当によかったですね。

毎日の暮らしには、新しい発見はいくらでもある

毎日が同じことの繰り返しで、平凡でつまらない、とボヤく女性がふえています。OLしかり、とくに主婦に多いようですね。

私は、こんなふうにブツブツぼやいて、そのくせ何にもしない人たちほど、不幸な人はこの世にいないのではないかと思います。

私自身、平凡ということばからはほど遠い暮らししかしてこなかったので、平凡な暮らしというものには幸せの匂いを感じ、強い憧れを持っています。

平凡でつまらないということは、刺激がないということでしょうか。新しい発見がないということでしょうか。

それは本人が怠けている証拠です。毎日の暮らしには、自分の感性さえ磨いていれば、新しい発見などいくらでもあるはずです。それが大きく見たとき、平凡という枠の中に入っているのなら、それはこのうえもない幸せでしょう。

平凡だからつまらない、毎日何かないかしら、と思い続けているのは贅沢《ぜいたく》というものです。

待っているだけの人のところに「棚からボタモチ」はないのです。困ったことは黙っていても起きるでしょうが、素敵なことは滅多に起こらないのです。

仕事をしたいという主婦が多いそうですが、それだって、自分の実力をよくわきまえているかどうか、あやしいものです。お金をもらうのにはそれなりのものが要求されることを忘れてはいけません。まず何かコツコツとでも始めることです。

そして、何か自分でできることを見つけ出すことができれば幸せです。平凡だっていい、何かできるはずです。もし、何もできないのなら、それは自分がおろかなのであって、まわりの誰のせいでもないということを、知るべきではないでしょうか。

もしあなたが、毎日が平凡だと思っていらっしゃるのなら、よくここで考えてみてください。自分の周囲をみつめてみると、本当に平凡だということなどないのです。

外からの刺激を待っていても、何も生まれはしません。自分の頭を、感性をフル回転させてごらんなさい。きっと何かに気づくはずです。

今、もし平凡で、夫のこと、子どものことで忙しいのなら、それにかまけていたって、ちっともかまわないじゃありませんか。

人間は何かことが起こったときに、強くなれればいいのです。即座に的確な判断を下して対応できることが大切なのです。一生は何も起こらず平凡にすぎていってくれるほど、甘いものではありません。必ずいろんなことがあなたを見舞うことでしょう。そのとき、あなたが毎日をどうすごしていたか、真価を問われるのです。

いまの自分にとって、何が大切か、足元をよくみつめていただきたいと思います。

夢への努力

口ではペラペラ立派なことをまくしたてて、そのくせ何もできない人がたくさんいます。自分でこうと決めたら、口でゴチャゴチャいわずに、やってごらん、といいたくなります。いうことは簡単です。言うは易《やす》く、行《おこ》なうは難《かた》し、とはまったくよくいったものでそのとおりだと思います。

よくしゃべる人ほど、行動で実践できる人が少ないのではないでしょうか。

私は何も言わずにやっていくことが信条です。黙って、思いついたように、ふっとコンサートなどを開いたりして、周囲の人から、

「あら、全然知らなかったわ、何も教えてくれないんだもの」

と、よく驚かれますが、別に秘密主義でやっているわけではないのです。

コンサートではこういうこともやりたい、ああいうこともやりたいと思っているのですが、私の一存ですべてが運ぶわけもなく、そんなことをペラペラ人に話してみてもどうなるものでもありません。もし、まったく話したとおりにならなかったとしたら、みっともないな、

という、私一流の美学――青森弁で〝えふりこき〟の性質が出てしまうんですね。

ですから、年の初めなどに、

「今年の計画をおっしゃってください」「これからどうなさるつもりか」「いつまで歌う予定ですか」とうるさいほど同じことを聞かれますが、

「さあね」

が私の答えです。その人が嫌いでこんないい方をするわけでは決してないのですが、本当にわからないだけなのです。

「死ぬまで歌っていきます」と思ってはいますが、そう答えても、その前にダメになってしまうかもしれませんしね。もうヤーメタってことになる可能性だってあります。

ですから、多くの人に「淡谷さんは計画性というものがまったくない」といわれるのですが、口に出したことは必ずそうしたいと思う方なので、なかなか計画など話す気になれません。私は、政治家とは違いますからね。

そしてまた、心のどこかには、どんなに計画しても、ものごとは計画どおり進まないものだという気持ちが潜《ひそ》んでいるのです。これは、自分の夢や希望が破れても、明日から生きる元気をなくしてしまわないための、自己防衛の知恵です。

計画を実現させるべく努力していくことが、〝生きがい〟というものでしょう。

目標を持ち、それに向かって努力を続け、できたら〝できた〟と喜べる。それが一番の幸福を感じる時です。

選ぶのも決めるのも自分

私は、今日までどんなことでも、人に相談をするということをしたことはありません。人に相談したところで、最終的な判断をくだすのは自分以外にはないからです。人生の岐路《きろ》に立ったとき、人がひとつの方向を示してくれたからといって、その人はいっしょに歩いてくれるわけではありません。自分の人生は、自分の足で歩く以外にありませんもの。

人の意見にしたがって間違ったりしたときでも、責任は自分なのですから、結局、選ぶのも決めるのも自分にほかなりません。

クラシック歌手に戻るべきか、このまま流行歌手として進むべきか、一週間も人生の岐路に立って悩みぬいた私は、もちろん誰にも相談はしませんでした。母にしても、久保田先生にしても、私の話を聞いたら、

「流行歌手なんて、とんでもない！」

と、即座に断をくだしたことでしょう。

その当時の流行歌手の社会的立場を考えれば、まったく当然のことです。その頃、流行歌

手には一枚の鑑札《かんさつ》が渡されました。〈遊芸稼ぎ人《ゆうげいかせぎにん》〉という判が押されたその鑑札は、流行歌手が八等技芸士であることを証明するものでした。それは、屋根のあるところでは歌えないような門《かど》づけ芸人と同程度に見なされている存在だったのです。三円二十銭を役所に払ってその鑑札を受ければ、税金をおさめる必要もありませんでした。

人に相談することもなく、一週間も考え悩んだ私が出した結論は、あえてその世界にとび込むことでした。

低い立場にある流行歌手は、しかし、多くの大衆から支持されていました。高尚な芸術の世界に戻ってほんの一部の人たちから拍手を受けるよりも、私は大衆の中にとび込んで歌を通して、心と心を結び合い、歌の感動をより多くの人たちと分かち合おうと心に決めたのです。

流行歌手の人生に自分を賭けようと決めたのでした。

私は、大衆の海にとび込むことを決定づけるように、浅草の舞台に立ちました。そうすることで、私は二度とあと戻りすることを断念しようとしたのです。しかしながら、浅草の舞台では、私は日本の流行歌は一曲も歌いませんでした。私が歌ったのは、オペラのアリアやイタリー民謡などクラシック系統のものが主だったのです。でも、たとえ同じ歌を歌っていても、浅草の舞台で歌う歌手は八等技芸士であり、クラシックの世界にいるものは芸術家と呼ばれました。

そのときの私は、まるで奈落《ならく》の底に落ちこんだようないい知れぬ感情にとらわれたものでした。私が感じただけでなく、私を見る周囲の目も大きく変わりました。音楽学校の卒業者名簿から私の名が削除されたことが、それをはっきり象徴したのです。

昭和六年のその頃、流行歌手といえば佐藤千夜子《ちやこ》さんがいただけなので、私は二人目ということになります。その後、音楽学校出の人たちも次々と流行歌の世界に入ってくるようになりましたが、私ほどの風当たりを受けることはなかったでしょう。まして、いまや所得番付の上位に流行歌手が堂々とおさまっているのをみると、隔世《かくせい》の感があります。

流行歌の世界の先駆者として、私はもう少し感謝されてもいいような気がするといったら思い上がりでしょうか。

自慢ついでに申し上げれば、日本でジャズやシャンソンに先鞭《せんべん》をつけたのも私でした。流行歌手になると思いきったものの、日本の流行歌はリズムも悪いし、どうも好きになれず、自分なりに釈然《しゃくぜん》としないところがありました。そこで考えたのが、ジャズを勉強してみようということだったのです。

その考えが、私をただ一度の結婚相手のジャズピアノの和田肇と結びつけることになったのですから、人生というのはおもしろいものです。ダンスホールに行ったりしていろいろなかたちのジャズを勉強した私は、和田のピアノでリズムというのをだいたい会得《えとく》することができました。

そんなある日、私は偶然に、ルシェンヌ・ボワイエの〈パルレ・モワ・ダムール（聞かせてよ、愛の言葉を）〉をレコードで聴く機会を得ました。シャンソンを聴くのはそのときが初めてではなく、モデルのアルバイトをしていたころ、画家の田口省吾《たぐちせいご》という人のアトリエで、彼がフランスから持ち帰ったレコードのいくつかを聴いたことがありました。そのときも私は、シャンソンっていいものだとポーズをしながらうっとりしたものでした。

しかし、そのときの私にはクラシックがあったので、聴きほれたにしてもそれ以上のものではなかったのですが、ジャズを勉強してからの私には、まったく違ったものとして耳にとび込んだのです。ルシェンヌ・ボワイエの歌は私の魂に深く食い込んで、しっかりと私をとらえてしまいました。

「これだ！　これこそ魂の歌だ！」

声に出ない声で叫ぶと、私はもう矢《や》も楯《たて》もたまらなくなったのです。

当時、赤坂の溜池《ためいけ》にフロリダというダンスホールがあり、そこでモーリス・デュフルのバンドが演奏しているのを知った私は、ためらうことなくそこへ駆けつけて、シャンソンを教えてくれるように頼みこみました。幸い私はジャズを学ぶためにフロリダにはよく踊りにきていました。ママとも親しくしていましたので、バンドマスターに紹介してもらうことができました。

ついているときは、不思議なものです。バンドマスターは私の主旨を了解してくれたばかりでなく、そのバンドの伴奏で歌うことになったのです。その間の勉強で、私はシャンソンもだいたい歌えるようになりました。

そんなかたちで、私は流行歌の先鞭《せんべん》はつけてきたものの、当時は流行歌をはじめとして、他のどんな歌もまだ定着していない時代でした。田谷《たや》力三《りきぞう》さんが浅草でオペラを歌って活躍していたころで、やはり歌といえばクラシックだったのです。その頃はそば屋の出前持ちさんも、酒屋の小僧さんもクラシックの歌を口ずさんでいましたし、みなが音楽とはそういうものだと思っていました。

ですから、考えようによっては、私のつけた先鞭がそれまでのいい環境をこわしてしまったことにつながるのではないかと思えてくるのです。昨今の音楽レベルの低下を見るにつけても、情けないと嘆く心の片隅で、自責の思いも感じないわけにはいきません。

久保田先生の「いいのよ。あなたが一生懸命歌ってくださるから」ということばは、そんな私の自責の思いをやさしく包んでくれて、ほんとうにありがたく思いました。おそらく、私が流行歌手になったことでいちばんがっかりされたのは先生ではなかったでしょうか。一人の歌手を育てるために、あれほど熱心にレッスンしてくれた先生は他に絶対いないと思います。その先生の期待にそむいて、私はクラシックの道から離れてしまったのです。しばらくは、私の顔さえ見たくはなかったことでしょう。

私にしても、先生の前にだけは姿をあらわすことができなかったのです。

先生が結婚されたご主人は海軍士官でした。そのため、ご主人について任地を転々とされていたこともあって、先生と私の間にはしばらくは音信不通の状態が続いていました。その間に、先生の心は私のことを許すというよりも、むしろあきらめてくださったのだと思っています。

私より六歳年長だった先生は、いまでも素晴らしい声をしておられます。

「私の出るテレビだけは、ぜったいごらんにならないでください」

と、私がお願いしているのに、先生はブラウン管から流れる私の歌に耳を傾けてくださっているらしく、あるとき先生から苦言を呈《てい》されたものです。

「あなた、〈別れのブルース〉しか歌えないの？」

私はあわてて、

「いいえ、私が好きで歌っているのではなく、放送局の注文なんです」

と答えましたが、内心、先生の苦言にほのぼのとしたぬくもりを感じました。私は先生にそむいてクラシックの道には進まなかったけれども、「歌といっしょに死んでいくのね」という先生のことばにだけは誠実に生きていくでしょう。

Chapter 2

おしゃれ

——自分に投資する

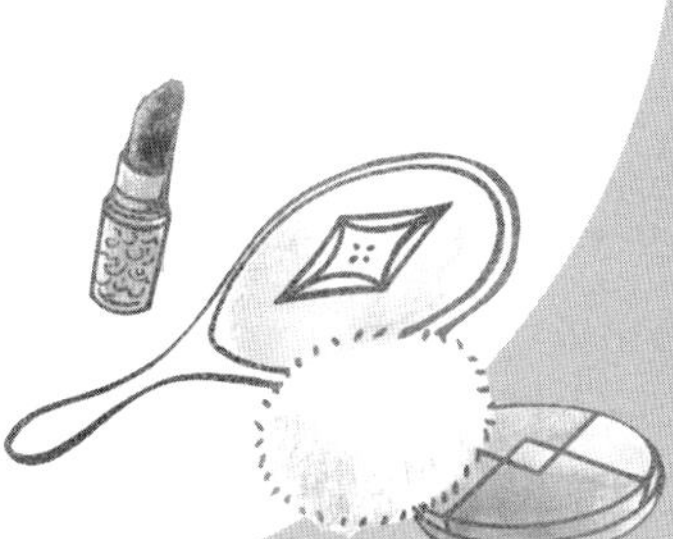

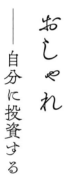

美容に無精は禁物

「赤ちゃんみたいですね。やわらかくって張りがあって……」

「どうして、しわがないんですか」

しわが一本もないということはありませんが、八十三歳になってもやわらかいピンクの肌はよほど珍しいことらしく、不思議そうにいわれます。これは、ちょっとは自慢してもいいかもしれませんね。

若い頃からおしゃれの最先端を歩き、お化粧には人一倍身を入れた私ですが、この頃では、目のお化粧以外はあまりメイクをしなくなりました。白粉《おしろい》はほとんどつけません。それは、ポチャポチャした肌のおかげでしょうか。

私の肌は東北の女性に恵まれている水気を含んだきめの細かい肌で、これは、天からのさずかりものでありがたいことですが、「そういう肌だって、手入れをしなければダメなのよ」というのが私の口ぐせ。

美容医学の先生のお話によりますと、肌というのは放っておけば確実に老化するものなのだそうです。その防止はひとえに手入れ次第ということ。私が、美顔術をするようになったのは、もう六十年も昔のことです。肌の衰えが始まるといわれる二十四、五歳の頃から、一週間に一度、美容院へ通って美顔術をしてもらうようになりました。さすがに、戦争中はそんなどころではなくなりましたが、戦後、時代が落ち着くと、私はいち早く全身美容を始めました。

忘れもしません。昭和二十六年、資生堂にいまでいうエステティックのサロンが初めてできたのです。当時、資生堂の〈花椿会〉の会長さんが藤原あきさんで、年配の方ならよくご存じでしょう、テレビやラジオなどで活躍されていた美しい方でした。

彼女があるとき私に言いました。

「のり子さん、あなた、この頃、ネコしょってきたわね。いまから手をかけなくちゃダメよ」

ネコしょってきた、というのは背中が丸くなってきたということ。私が四十二、三の頃です。自分では気がつきませんでしたが、きっと、中年風の姿になってきていたのでしょうね。

全身美容はいまこそ大流行ですが、そのときは資生堂だけでした。もちろん、私はすぐ始めました。そのとき私の担当だった主任の方が独立して店を持ってからはそこへ通い始めて、いまも通っているのです。

「まさか四十年続くとは思いませんでしたねえ」

「それもこれも互いに元気でいられるおかげね」

週一度その美容院に通うのが、私の楽しみなのです。

全身美容は、始めに体を一時間半、次にフェイシャルを一時間半と、たっぷり三時間はかかりますが、ハンドのマッサージをしていただくと体の疲れがとろけていくような気持ちよさ、リラックスの気分よさで、終わったあとのすがすがしさはこのうえありません。どんな忙しいスケジュールのときでも、一週に一度のこの時間だけは欠かさずとってきました。

この〝絶やさず続けた〟ということが、肌の衰えを防止してくれたのでしょうね。

「老化を防ぐコツは、ひとえに全身の血行をよくし、内臓の機能を活発にすることにあるのです。代謝《たいしゃ》機能が高まり循環がよくなれば、皮膚にもつやが生まれるんです」

懇意《こんい》にしている東洋医学の先生にうかがったことですが、私のこの全身美容はそうした効果をも生んでくれているようです。そのうえ私のしていただいているハンドのマッサージは、東洋医学的にいえば、手を通して気と気の交流が行われるというわけです。私は心をこめた気をいただき、施術者もまた私からの気を受ける、そうした気の交流が、心と体を和《なご》やかにしてくれるのです。

同時に、私は自分でする毎日の手入れも絶対に欠かしません。とくに洗顔を大切にします。

朝は顔を洗ったあと、ちょっと時間があればもう一度クレンジングフォームでふいて、化粧水をカット綿にひたしてパッティング。

年をとれば、肌も若いとき以上に手入れが必要なことはいうまでもありません。手入れにも念を入れなければ、てきめんに肌は反抗します。そうしていたわってあげ、外出するときは薄くファンデーションをつけて白粉を軽くはたきます。たまにうちにいる場合は化粧水だけで肌を休めますが、不思議なもので、化粧も何もしないと気持ちもゆるむんですね。

昔は化粧しない自分が不安でしたが、この頃は思いっきり、リラックスできるようになったのも年齢の知恵でしょうか。考えてみればこういう日があるからこそ、また仕事の緊張感も生まれるのですね。

夜はやはり洗顔のあと、化粧水でパッティングして、ナイトクリームをつけて休みます。これだけはどんなに遅く帰っても欠かしません。

こんなふうにできるのもひとさまの前に出るという緊張感のおかげでしょうね。

「今日もしっかりできたね、のり子。ご苦労さま」

鏡の中の私をいたわってあげます。そんなとき、仕事をもつことの幸せが心の中をあたたかく包んでくれるのです。

私がいま洗顔に使っているのはゲランの液体セッケン。化粧品はすべてゲランです。どの化粧品よりも私の肌に合うからです。私は歌手になり始めの時代からずっと外国の化粧品を使っていますが、それというのも、私のおしゃれが香水から始まったからで、香水と同じ銘柄で揃えようとしたからです。戦前は浅草の〈細井〉という化粧品屋さんで舶来《はくらい》のもの、コティとかマックスファクターを買いました。戦争中は手に入れるのにずいぶんと苦労したものでしたね。たかが化粧品といっても、私にとっては歌のためにもまた、私の人生にとっても大切なものでしたからないがしろにはできません。

全身美容と並んでもうひとつ、私の欠かさないのが、一週に一度、爪の手入れ専門のネイルサロンに通うことです。爪の甘皮《あまかわ》を切ると、爪の栄養がなくなりますから、そういうことをせずに、きれいに形をととのえてからエナメルをぬって仕上げてくれます。ちなみに、爪にエナメルをぬることが一般的にマニキュアと呼ばれていますが、実はマニキュアとは爪の掃除のことです。

美容といえば、私がゲルマニウム入りのローラーのマッサージのコマーシャルに出たので、よくローラーの効果を聞かれます。私があのローラーと出会ったきっかけはこうでした。

ある日、私のところにもと芸能界にいたAさんという方が、ローラーの宣伝をしてほしいといってみえたのです。私は自分が使ってみて、効果のあることが納得できたら、お手伝いしましょうといいました。そしてそのローラーを借り、試しに一か月ほど、左手の表面にひまがあるところがし続けました。そして一か月ほどして気がついてみたら、なんと左手のシミが薄くなっていたのです。

さて、私がいいたいのは、美容に不精《ぶしょう》は禁物《きんもつ》ということです。年をとるほど何かと億劫《おっくう》になって、「一回くらい顔を洗わなくったって……」「お風呂に入らなくったって……」「いまさら男の人に会うわけじゃなし……」という具合になりがちなものですね。その怠慢があなたを老けさせるのです。年をとるほど、手入れは入念にしなければならないのです。

私だって、ときどきだんだん肌がちりめんじわみたいになるのを見ながら、ああ、老いていくっていうのはこういうことなんだなあ、と思う瞬間があります。でも、そんなときでも私は寂しくありません。それを少しでも遅らせようと思うだけです。

「いまさら、そんなことにお金をかけるなんて」という人もいます。

そうでしょうか。年をとったからお金をかける必要があると思うのです。私は死ぬまで、美しさを保つための投資をしたいと思うのです。

女が美しくあること。おしゃれをすること、お化粧することは、自分を表現する手段です。

おしゃれはその人の生き方の反映である

おしゃれは女にとって、そのまま生き方を映し出す鏡である——というのが、私の考えるおしゃれ観ですが、いかがでしょうか。私たちは、心が生き生きと前向きのときは、おしゃれも輝きます。心にゆるみがあったり消極的なときは、おしゃれに関心が向かなくなるものですね。

歌手として、デビューした頃の私は、おしゃれの熱も一段と高くなりました。そのうえ、私のおしゃれは人よりいつも早かったので、人の目にたしかにちょっと奇異に映ったかもしれません。イブニングドレスもかなりな風当たりでした。しかし、ドレスにそうそうはお金をかけられません。母が手縫いで縫ってくれた手づくりのイブニングドレスが私のステージを飾るようになりました。

ステージは、私のいのちがけの仕事の場です。私は自分の舞台姿を創り上げるために、工夫に工夫を重ねました。衣裳はもちろん、ヘアスタイルやメイクにも腐心《ふしん》しました。その時代、メイクのお手本なんてどこにもありません。私のお手本は外国映画でした。

無声《むせい》映画の時代が終わり、トーキーといわれる外国映画が続々と入ってきた頃です。「名画」としていまも残っている作品もたくさんあります。私の大好きな女優はついこの間、NHKで放映した〈椿姫〉のアラ・ナジモヴァ、それからマレーネ・ディートリヒ。男性ではバレンチノ、ゲーリー・クーパーが世界の二枚目として人気最高の時代でした。私は、つかれたように映画館に通いつめ、同じ映画を一週間も続けて観たものです。もちろん、魅惑的なメイクの秘密を探りました。

そうでした。この小さな目を、いかに大きく魅力的に見せることができるでしょうか？

私は、当時、誰もしていなかったアイシャドウやつけまつ毛をいち早く使いました。

つけまつ毛を知ったのは、あれは、コロムビアの宣伝部長さんに頼んでアメリカから取り寄せてもらったマックスファクターの化粧品一式の中に入っていたことからでした。

当時、つけまつ毛の短いのは、舶来品を売る化粧品屋で売っていました。私がほしかったのは長いまつ毛です。その長いまつ毛を母がつくってくれたのです。母は器用に人形をつくる人でした。この手作りのまつ毛は、かもじの髪の毛を抜いて糊《のり》で固め、細い丈夫な麻糸につけて、コテでまるみをつけたものでした。

眉の引き方とか唇の描き方とかは、ディートリヒやアラ・ナジモヴァをヒントにしました。鏡の中に映る自分の顔とにらめっこしながら、自分に合った形をつくりあげていくときの心のときめき。私はもう小さな目のオカチメンコなんかではありません。そこには夢見るような深いうれいをたたえた瞳の私がいます。爪はまだその頃一色しかなかったキューテックスのエナメルで真っ赤に染めました。

メイクというのは文字どおり、顔をつくることです。私は自分の顔をキャンバスに見立て、絵を描くように魅力をつくりあげていくことを知りました。私の顔はみるみる外国映画の女優のように変わるではありませんか。私はお化粧に夢中になりました。

その頃の私はほっそりやせていたので、黒の衣裳がよく似合いました。モデル時代に、「君の肌は白くて光りすぎるから描けない」といった画家がいたほどですから、肌の白さにはちょっぴり自信がありました。黒は肌の白さをいっそう引き立ててくれたのです。それで、背中を大きくあけた大胆なドレスにも挑戦しました。

そうして私は、白と黒のコントラストを生かすという私だけのスタイルを創りだしたのです。

その頃、私の憧れたのは、アラ・ナジモヴァの着ていた細い白黒のストライプのドレスでした。全体にすーっと細身のドレスなのですが、その裾が少しひらいていて、そこに真っ黒なとかげの模様がついているというスタイルです。私はとかげはつけませんでしたけれど、それとまったく同じスタイルのドレスをあつらえて舞台に立ちました。自分がまるで、ロマンスのヒロインになったようなそんな気持ちで。

ドレスの配色は黒と白で統一して、唇と爪だけを真っ赤に染める。それが当時の私のスタイルで、そういう格好でステージに立つと、男たちから「あの女、すげえなァ！」という陰口や好奇のまなざしを投げかけられたものです。

それが賞賛なのか悪罵なのかわかりませんでしたが、「彼女の舞台には、ほかの歌手にない魅力がある」という評判が、私の自信を深めさせてくれました。

後になってから、魅力というものはおしゃれやお化粧でつくろうとしてもつくれるものではないと気づいたのですが、まだまだ二十五、六の若さです。ちょっといい気になって気取っていたものでした。

この気取りは、しかし、若さのシンボルでもあったと、いまも私は、そんな自分がちょっといとおしい感じがするのです。

§

香水というのは、西洋の女が使うものだと、幼い頃から聞いてきた私は、それだけにこの香りの魔術師にミステリアスな魅力を抱いていました。おしゃれの究極は香りではないでしょうか。メイクや衣裳に凝る一方で、その頃から私は香水に凝りました。その魔力に魅せられた私は、戦時下、スーツケースに百何十本も入れて防空壕《ぼうくうごう》に埋めたものでした。それはまさに暗い時代の心の灯《ともしび》でした。ひそやかに女の華やぎを与えてくれた私の宝物だったのです。昭和二十年五月の空襲《くうしゅう》で家が焼けたということを、私は慰問興行先の名古屋の高射砲陣地で聞いたのですが、そのときのショックといったらありませんでした。もちろん母や娘、妹の安否が心配で矢《や》も楯《たて》もたまらないのですが、それと同じくらいに心を騒がせたのが防空壕に埋めた香水であったとは！　あのときの心配ぶりを思い出すと、我ながら異常な執着《しゅうちゃく》だったとおかしくなりますが、それというのも、あの暗い戦争の時代、おしゃれは、私にとって、心の自由の証《あか》しでもあったのです。あの時代としては、ちょっとばかり勇気が必要でしたが。

そんなわけで私のレコードがどんどん売れ、おもしろいようにお金が入ってきたとき私が熱中したのは人のしないおしゃれをしようということであったとは。われながら、おかしな青春です。スパンコールつきのドレスを着たのも私が最初ですし、クリスタルカットのイヤリングにしてもデビュー当時からつけていました。

毛皮のコートもいち早く着ましたが、その当時は、毛皮のコートなどとても珍しいものでした。その自慢のコートを着てさっそうと家の近くを歩いていると、大きな犬が「ウーウー」とうなりながら、背中にとびかかってきたことがありましたっけ。犬にしてみれば、ふさふさした毛皮を着た人間など見たことがなかったので、怪しいやつとばかり襲いかかったのでしょう。

私は「ギャッ」と叫んでコートを脱ぎ捨てて一目散《いちもくさん》に家に逃げ帰りました。コートはどなたか近所の方が家に届けてくださったと記憶しています。
二、三年前、若い人気歌手が着物ドレスを着て話題になりましたが、私は戦後すぐに日劇の舞台で同じものを着ました。
四十年も前のことです。そんなデザインをする人はいませんでしたから、自分でデザインして、上半身は着物風で下半身はドレス。それにハイヒールをはきました。

ところで、いまは、さまざまなおしゃれを楽しめる時代ですが、若い人も中年の人もみな流行という名のファッションに流されて、なんと無個性なことかと、私は残念で仕方ありません。

若い人たちはみんな背が高く、足が長くなり、大変スマートになりましたが、本当におしゃれが画一的ですね。長い髪が流行すれば、みんな長い髪。口紅をつける子が少なくなったと思ったら、ナチュラルな化粧が流行なのだそうです。ある一時期、アイシャドウがはやって、みんな狸のような目をしていた頃を考えると、まあ、おしゃれも洗練されてきたのでしょうが、ファッションブックにあふれるほどお手本があって、それ買え、それ買えという商業主義時代には、よほど自分をよく知らないと、押し流されてしまいます。

聞くところによれば、小学校でも目立つ服や粗末な服、いえ、服だけでなく文房具でもなんでも、みなと同じでないと、はやされたりいじめられたりするのだそうですね。軍国主義時代に私のウンザリした〝右向け右〟〝右へ習え〟の精神風土は、形を変えていまも生き続けているのでしょうか。

おしゃれが画一的だということは、考え方も画一的だということでしょうか。おしゃれはその人の個性、生き方を反映するものです。とくに、女の人生八十年時代といわれるいま、中高年の方たちこそもっともっと自分らしさを表現するおしゃれを愉しんでいただきたいのです。おしゃれは、あなたの心を引き立ててくれます。毎日を生き生きとさせてくれます。

つけまつげを日本で最初に使った私

先日〈徹子の部屋〉に出演した。東洋音楽学校時代、私の四級ぐらい下に、お朝《ちょう》さんといってとてもきれいな人がいた。それが徹子さんのお母さん。だから、トットちゃんと呼ばれていた小さい頃から、私も徹子さんのことはよく知っているわけだ。その旺盛な好奇心は、今も昔もちっとも変わってないみたい。遊びに行った私が、帰りにお化粧直しなんかしていると、お母さんの背中から顔だけ出して、じーっと穴のあくほどながめていたものだ。

私自身は忘れていたけれど、番組のなかで「淡谷さんあのときね、さあ目の所在をはっきりさせなきゃっておっしゃってたのよ」といわれ、ううん、子どもだと思っていると、へんなことよく覚えてるもんだ、とあきれたり感心したり。たしかにそんなこと、言ったかもしれませんねえ。

私がいちばん悩ませられたのは、はれぼったくて小さい目をどうするか、ということ。舞台映えする顔には印象的な目がどうしても必要でしょ。少なくとも所在ははっきりしなくちゃね。とはいえ、昔のお化粧は、紅と白粉《おしろい》ぐらいで、せいぜい眉ずみしかない。今みたいなアイメイキャップなんてだれも想像もしなかった。

だから外国のブロマイドで、ハリウッドの女優たちがつけまつげをしているのを発見したときは、「ああ、これだ。こりゃやらなくちゃ」と、さっそくアメリカからとりよせてもらった。当時、アイラッシュ（つけまつげ）をつくっていたのは、マックスファクターだけのはず。使っているのも女優やモデルなど、ごく限られた人だけだった。もちろん日本では私が最初。化け物みたいだとか、気が狂ってるんじゃないか、とずいぶんいわれたけれど、自分がいいと思ってやったことだから外野《がいや》の声はちっとも気にしなかった。今では舞台化粧ばかりか、ふつうの方まで別に抵抗なくつけまつげしてるでしょ。なんでも一番目は風当りが強いもんだ。

でも、いまだからいうけれど私だって最初つけるときは勇気がいった。それに忍耐力もね。というのは、あの頃のつけまつげは、パラフィンにうえこまれていて、トロリとした糊ではりつけるのだけれど、その糊の痛いこと。とても目をあけていられないほどしみるのだ。でも、まずこの痛さに勝たなくちゃと必死。笑っちゃいけない。それはケナゲなものだったのだから。あとになると、手先の器用だった母が、麻糸とかもじの毛をぬいて、手製のまつげをつくってくれた。まつげの思い出はつきない。

美しい花を咲かせるには手入れが必要

私は朝が好き。輝く朝が好き。いのちのみずみずしさの満ちあふれる朝が好き。朝ごとに、私たちのいのちも生まれ変わる思いがするのです。

今朝は、愛車のプレジデントで私は六時に家を出ました。前橋《まえばし》の公演に向かうためです。地方公演はほとんど飛行機や列車を利用していますが、東京から近いところは、いつも車を利用します。昔は目的地に行くのが精一杯で、街や風景をながめるゆとりがありませんでしたが、この頃は、窓から街の風景やゆき交う人の姿を見るのが、ことのほか、心の安らぎになりました。

整備された道や街路のそこここにしつらえられた美しい花壇や家々の前に並べられた丹精《たんせい》された花の群れを見つけると、私は、心躍る思いがします。気持ちが明るくひろがっていくのを感じます。

車は昭和通りに入りました。東銀座の交差点をすぎると、グリーンベルトのふちを彩る色とりどりの花の帯が窓の外にひろがりました。私はこの通りが好きで、わざと、地下道にも入らず、高速も利用しないで、ちょっと廻り道でも通るのです。

都内では国会議事堂の裏の通りも好きです。ここの道には四季を通じて、いつも美しい花が植えられているのです。

いつもこんなにきれいに花を咲かせておくには、手入れが大変だろうな。——ふと、そんな思いがつき上げてきたというのも、今日は土曜日。早朝の街はまだ車もそう多くなく、花に照り返る秋の陽も輝くように透明だったからかもしれません。

そうでした。美しい花を咲かせるには手入れが必要なのです。人の手入れが植物に花を咲かせ、実を結ばせます。——この単純な発見が私の心をちょっと浮き浮きさせました。

§

花にもいろいろな種類があって、だから手入れの方法もさまざまですね。なかにはとても手のかかる花もあるでしょう。あまり手のかからない花もあると聞きます。花の性質で手入れが違うというのは当たり前のことかもしれませんが、私にはとてもおもしろいことのように思えます。

そうそう人間を花にたとえてみましょうか。花がさまざまであるように、十人十色《じゅうにんといろ》、一人として同じ人はいません。きっと手入れの大変な敏感な人も、あまり手入れのいらない人もいるかもしれません。人間の場合は、花と違って、手入れは、人まかせにできません。人に手入れをしてもらうのは子どものときだけです。あとは、自分で自分の手入れをしていかなければ花を咲かせることはできません。いつまでも、人の手入れを期待して人まかせにしていては、一生、花は咲かずにすむことだってあります。

手入れをしなければ花は枯れてしまいます。人間も手入れを怠れば生気を失ってしまいます。それでは生きている甲斐《かい》がないというものです。

老いても仕事を持っている人はみなさん、生き生きとしていらっしゃいますが、それは、この自分への手入れが続いているからではないでしょうか。現役であるということは、つねに手入れをしていること、勉強をしていること、社会のお役に立っていること。それが生きている証《あかし》なのです。

現役である限り人は枯れません。

手入れを怠らず、つねに新しい刺激、新しい養分を自分に与えて、私もいつまでも現役でありたいと思います。

自分自身への投資を

私自身への投資ということで、おしゃれのことをお話ししたいと思います。

昔からの信念で、若いときは地味に、年齢とともに派手にしていくほうがいいと思います。ところが、日本はどうも違いますね。年をとるとすぐ「年甲斐《としがい》もなく」とか「いいトシして」とかいわれるからと、周囲ばかり気にしていますね。

それに派手なものを着ようとしても似合わない、これも不思議です。これは普段からおしゃれしていないからです。どんなにそのとき頑張ってみても、いつもおしゃれに心がけ、努力していないとなかなか身につかないものです。

私はこのおしゃれというのが、昔からとても好きでした。そのための投資というのは大変なものです。貯金がないのもこのため。

いつも私は今度はどんなイブニングドレスを着ようかしらと考えています。一週間に多くて三枚、少なくとも一枚の割りでドレスをつくっています。もちろん私は歌手という仕事柄必要なのですが、これが私にとって最高の楽しみなのです。

一週間に一度、仮縫いをしながら、ここはああしようか、こうしようかと考えているときが、最も満たされるときです。

情熱を傾けるものがあるということは素晴らしいことです。何にも興味がないというのは不幸なことで、生きている甲斐がないじゃありませんか。

もう何十年も、週に一度はボディマッサージに通い、ドレスをつくり、下着もすべて同色でコーディネイトし、香水も本当に好きなものをパリから取り寄せ、私は私自身のために投資し続けています。

おばあさんになっても素敵な歌を歌い続けていくための、舞台に夢をつくるための、すべては投資です。人生には無駄と思えることが、あとで大きく実を結ぶことがあるのです。貯金通帳の額ばかり気にしていたんでは、何のための人生でしょう。

もちろん、これまでお話ししたおしゃれのことは、私自身のことです。あなたはあなたなりの投資法で、あなたの人生をより豊かに彩っていただきたいと思うのです。

ピンクの似合う年になりました

　このところピンクやローズなど、やわらかくて女らしい色調が好きになってきた。外国では「ピンクの似合う年になりましたね」というそうだ。日本では、かわい子ちゃんの色だと思われているピンクも、向こうではお年寄りの色というわけ。

　それを聞いてなるほどと思った。年をとるとつい遠慮してくすんだきたない色ばかり着てしまうけれど、ちっとも似合わない。こげ茶やグレーがシックでステキなのは若い頃の話だ。

　先日、ホテルのディナーショーに出演した。お客さまはみなさん六十歳を出たぐらいのご夫婦づれだったのだが、その会場の寂しいこと。ステージから見ると、男性のダークスーツにまぎれてしまって、女性がどこにいるのかわからない。せっかくドレスアップのチャンスなんだから、もう少し華やいだやさしい色を着ればいいのにと、私のほうが歯がゆく思った。

　まさか、まっ赤や黄色を着なさいといってるわけじゃない。アメリカ人の観光客なんかの中には、びっくりするような原色のおばあちゃんがいるけれど、ありゃどう考えたってムリだ。近所迷惑になる。

パリの公園でおしゃべりしながら編み物をしていた二人のおばあさんは、淡いパープルのモヘアと、もう一人は明るいグレーのショール姿。ソフトなムードがとてもステキだった。それでなくても頭がかたいとか、ガンコだなんて敬遠される年寄りだもの。ドブネズミのようなものを着ていては、ますますイメージが悪くなる。

明るくて可愛くて、清潔な感じのおばあちゃんなら、誰からも愛されるでしょう。それにはまず、パステルトーンを身につけることが早道。

色っていうのは、着ている本人の気持ちまでかえてしまうから不思議ね。暗い色を着ていると、だんだん虚無的な気持ちになってくる。若い人ならニヒルもファッションになるけれど、年寄りがニヒルじゃあ救えない。「もう、どうせアタシなんか」などといっていたのでは、まわりだって寄りつかなくなってしまうというもの。

やわらかい色合いは、長い年月生きてきた人間の暖たかみやまろやかさを最高にひきたててくれる。ピンクなんて色は若い子が着るとぶりっ子になったり、お色気過剰でいやらしくなりやすいものだけど、そういうことをすべて卒業したあとで、はじめて本当に似合うようになるんだと思う。

コートの裏地、精神の貴族

ひと昔ほど前、若い人たちの間では〝一点豪華主義〟なんていうことばが流行ってて、毎日毎日インスタント・ラーメンを啜《すす》っていても、ステレオだけは高価なものを、車だけは超一流のものをという気風があった。今の若者はお金持ちだから、こんな心情はわからないかもしれない。その頃の若者は貧しかったけれど、それだけにものの価値を知っていてその価値を満喫《まんきつ》する術《すべ》も知っていたようだ。彼らは精神の貴族たちだったと思う。

いま私たちがそういう精神を見習ってオシャレをするとしたら、いったいどこにいちばんお金をかけるだろう。バッグ、靴、宝石……人それぞれだろうけれど、私ならコートにしたい。それも裏地にうんとお金をかけたコートを。

コートには音楽がある。それもとび切り華麗な音楽だ。身につけていたコートを脱いだ瞬間に沸き立つメロディーは、エディット・ピアフの〈愛の讃歌〉だったり、イブ・モンタンの〈枯葉〉だったり、その折々の人の心が浮かび上がってくるような気がする。色のない世界からいきなり広がる色彩の世界とたとえてもいいだろう。

そう、コートの生命はやっぱり脱いだときにあると思う。だからこそ、私は裏地にこる。黒いコートには黒に白のドットの絹、茶のコートにはベージュのチェックの絹……私は、表地よりも裏地のほうが高価なコートをいくらも持っている。コートの表は無色の世界。いわば、私自身の内面をも包み込んで無色透明にしてしまうヨロイみたいなものだから、黒とか茶とか一見目立たない落ち着いた色を使う。キンキラのコートを着て私はここにいますよ、なんていうのは、内面まで薄っぺらに見えてしまう。

コートはたいてい殿方に脱がせてもらうものでしょ。日本の男性にはそういうキザな動作が似合う人は少なかったけれど、いまは違う。悪びれずに結構スマートにやってのける人がいるものだ。これからは中年男性にも、そういういい意味でのキザな人がたくさん出てくると思う。その瞬間にいったいどんなメロディがかなでられるのか、それはもう裏地にかかっていると私は思うわけ。

昔の日本人だって、その辺の効果はちゃんと知っていた。〝羽織《はおり》のうらを見せる〟というのがそれである。羽織という本来男のものを女が身につけるようになったのは江戸末期、粋《いき》筋《すじ》の女性から広まったということである。その彼女たちが羽織の裏を競ったのは、脱がせてもらう効果を十分に考えていたからにほかならない。さすが、江戸の女は男心を知っていた。

花のある老いを迎えるために

「あなたは、どんな人が美人だと思いますか。美人の条件とはどういうことですか」

ある女性雑誌から、こんなアンケート質問を受けたことがありました。そのとき、私の心には、何人もの〝美しい人〟が浮かびましたが、その人たちに共通した条件を発見しました。

それは、〝強い女は美しい〟ということです。私のイメージにある〝美人〟はなよなよとした女ではありません。男に頼り、男の傘の下で生きる女ではありません。自分の価値観をもち、自分の生き方を自分で選び、自分の足で歩いている女たちです。自分を律《りつ》する女、自分で立つ女たちです。

自立しているからこそ、自分に厳しくもなるし、強く生きられるのです。女の真のやさしさは、強い精神がバックにあるからこそ生まれるのではないかしら。

老いて美しい人というのは、そうしたバックボーンに支えられて年輪を重ねた人なのですね。

そういった強いものが芯に通った女の美しさは、決して一色ではなく、ちょうど、花にさまざまな美しさがあるように多様です。いぶし銀のような美しさ、知的な美しさ、華やかな美しさ、と、それは、その人、その人の生き方、個性なのですね。

あれは、だいぶ前のことですが、若い友人から、こんな話を聞いたことがありました。

彼女が、ある劇場に行ったときのことです。

「その劇場のロビーで、たまたま、山本安英《やすえ》さんをお見かけしたのです。そのとき、私は、不思議な光景を見ました。山本安英さんをとりまくあたりの空気だけがシーンと静かさをたたえているんですね。賑やかにざわめくロビーの中で、そこだけ別世界をつくっていたんです。山本さんはさりげなくそこに立っていただけなんですけどね。内面にたたえた精神の強さを感じました。ああ、美しい人ってこんな人をいうのかって私、目の洗われる思いでした」

ご存じのように山本安英さんは、木下順二さんの〈夕鶴〉のおつうを何十年も演じてきた方です。

「日本人の心を打つ〈夕鶴〉のおつうの情念を生きてきた女優さんだからこそのお話ね。積み重ね、磨き上げられた心がそういう雰囲気をかもし出したんでしょうね」

若い人の瞳に映る美しい輝きを見つめながら私も相槌《あいづち》を打ったことでした。

彼女が見た山本さんの美しさは美人であるとかないとかを超えたところにあったのですね。

目鼻立ちの美しさなどというものではない。存在感のある美しさです。

何度もいいますが、本当に美しいということは、内面から発する人柄のよさとか、輝きとか色気とか、会った人がハッとするような個性の魅力をもっているということです。

誰でも若いうちはお化粧で美しくなろうと夢中になるものです。しかし、その時期が終わると、見た目の美しさだけが魅力ではない、内面的なものの魅力がなければダメだということに気づいていくのですね。

若い女優さんでは、私は太地喜和子《たいちきわこ》さんの大ファンです。太地さんのあの匂い立つような色香は、太地さんの心の花を感じさせてくれます。この太地さんと私の顔が実によく似ているといってくれた人がいましたが、なんともうれしいことです。人が言うだけでなく自分でも、よく似ていると思うといったら、これは大胆な発言でしょうか。

太地さんと私とは個人的にも親しくおつき合いをしていて、よく遊びに見えることがあります。あるとき、二人で小さいときの写真をお互いに見せ合ったことがありました。

「ほら、私も小さいときはこんなに可愛いかったのよ」

「あら、それは私の写真よ。その着物には記憶があるんだから」

という具合で、小さいときの写真は瓜二つ《うりふた》というほど似ていたのです。

太地さんとは顔立ちがよく似ているのでよく冗談に「私は赤んぼのとき、先生に捨てられた子なのよ」といって笑わせます。

テレビで私の半生を描いた「わが青春のブルース」がドラマになったとき、私は太地さんをためらわず主役に押しました。

太地さんは顔立ちが似ているうえに、ドレスやアクセサリーなども、全部私のを使っていただいたので、見ていた私が、若い自分を見ているような錯覚に陥ったくらい、みごとに淡谷のり子になりきってくれたのです。素晴らしい演技力で、私の激しい生き方や歌に傾ける情熱を演じ、本人の私が感動してしまったほどです。

§

もちろん、私が太地さんと親しくしているのは、顔が似ているからというわけではありません。とても人柄がよく、若手女優の中の実力ナンバーワンにもかかわらず、少しもえらぶったところがなく、私みたいな年配者への礼儀もきちんとわきまえているのです。ですから、おつき合いが楽しく気持ちいいのです。こういう女性にこそ私は、〝心美人〟という言葉を贈りたいと思います。

礼儀というのは心の身仕舞《みじま》いのこと。これは美しさの基本的な条件です。

礼儀といえば、私は仕事柄いちばん接触している人たちは芸能界の若い子たちですけれど、彼女たちの礼儀知らずに、私は苛立《いらだ》ちを感じてしまいます。たとえば廊下ですれ違っての挨《あい》拶《さつ》に「おはよ」と両手を後ろに回したままの、なんとも心のこもらない挨拶をする子の多いこと。それというのもレコードが一枚売れたらもうスター、若いのに付き人がつくといった芸能界の甘やかしの結果だと思いますが、こんなふうでは、いくらお化粧をしたところで、美しくなれるわけがない、といいたくもなります。整形も大はやりですが、目鼻を変えたからといって、それで魅力が増すものでしょうか。

整形といえば、私も若い頃、一度だけ目の整形手術をしたいと思ったことがありました。はれぼったいまぶたの小さい目は、いくらメイクでごまかしたところで、気に入らなかったのです。

そのとき、妹がきびしい口調でいいました。

「何いってるの。その目で充分役に立ってるのに、なんでそんな必要があるの」

妹は私と違って目が大きいから、私の気持ちがわからないんだ、と、そのときは反発を感じましたが、よく考えてみると、たしかに私の目はなんの不自由もなく、私なりの化粧で私のものになっていました。目のくるくる丸い淡谷のり子を想像すると、おかしくなってもきました。私は、そんなことに心を向けた自分を大いに反省しました。以来、体のどこにもメスを入れようと思ったことはありません。

聞くところによると、いまは、若い男の子にもリクルート整形というのが、はやっているのだそうですね。就職のとき、好感を持たれる顔立ちにするのだ、とか。だから私はいまの若い男の子は〝青虫〟だというのです。男らしいなんの意気地もない、志もない、親のスネをかじりながら、外見にのみうつつをぬかし、のそのそと日を送っているように思えます。世はホンモノ志向とかいいますけど、自分がホンモノになるための努力はどうしたというのでしょう。ニセモノの顔で、気分が悪くないのでしょうか。

また年配になった人には、顔のたるみやしわを取る整形が流行しているとも聞きます。人はそれぞれの考えで生きるのですから、私のあれこれいうところではありませんが、年配の人の魅力というのは、年輪に磨かれ刻み込まれてきた知恵ではないでしょうか。さまざまな体験の積み重ねによって得た深い人生の知恵の輝きではないでしょうか。

他人への思いやりのあたたかさ、日本の伝統に培われた礼儀正しさ、美しい言葉遣い……。しわやたるみを気にするよりも、もう一度、自分を見つめ直して、内面のお化粧をしたいものです。そうしてこそ、花のある老いを迎えられるのではないかしら。そして若い人たちのお手本にもなれるのではないかしら。

挨拶さえできない女性は、周囲を不愉快にさせるだけ

私は、これまでの人生ではかなり勝手なこともしてきましたが、挨拶だけはいつもきちんとするように心がけてきたつもりです。そのおかげで、この前びっくりするようなことを人から聞きました。東京のあるテレビ会社の社長さんが、私のことを「淡谷のり子さんには感心した」とほめていたというのです。

はて、感心されるような特別なことをしたかしら、と思い出そうとしても、何も思いあたるフシがありません。よくよく話を聞くと、なんということはない、こんなことでした。

そのテレビ局で仕事があったとき、たまたまトイレに入ったところ、お掃除の人が掃除をしているところでした。お掃除のじゃまになるかしらと気になりましたが、年寄りはなかなかがまんができませんから、

「おはようございます。ちょっとお借りしてもよろしいでしょうか」

と一言挨拶して断わったのです。私にしてみれば、ごく当たり前のことをしただけですが、その挨拶がお掃除の人のあいだで評判になり、ついには社長の耳にまで届いたというわけで

す。

こんなことが話題になるくらい、いまの若い人はちょっとした挨拶ができないのだそうです。若いタレントの中には、挨拶どころか、

「ちょっと、おばさんじゃまじゃないの」

とか、掃除道具をあごで指して、

「どけてよ」

こんなことを言うのがほとんどなのだそうです。ですから、この話を聞いた社長さんが、淡谷のり子といえば、一番えらそうにしている女かと思っていたが、だれよりも腰が低いので驚いたというわけです。

こんな程度のことでほめられるなんて、いったい世の中はどうなっているんだろうと、私としては、うれしいような、うれしくないような、いささか複雑な気持ちです。

§

挨拶くらいは、女性としてというより、人間として最低のたしなみのはずですが、世の中一般に、挨拶のできない人がふえてきました。これが芸能界となると、もっとひどいことがたくさんあります。

たとえば、若いアイドル歌手といっしょになったとき、私になんか、ろくすっぽ挨拶なんかしませんね。どこのおばあさんがいるかという顔で、私から挨拶しても、そっぽを向いています。そばを通るときも、「ごめんなさいね、ちょっと失礼します」と言っても、フンとしています。

でも、そうしたアイドル歌手たちも、まったく挨拶ができないかというと、決してそうではありません。自分より上の人には、「おはようございまーす」とそれこそにこやかに挨拶して、ベタベタとごきげんをとりにかかります。それが、自分には関係ない人には挨拶もしない。まあ、いまの若手の歌手の中で挨拶もきちんとできて、歌もちゃんと歌える人がいったい何人いるでしょうか。

若い人がこうなるのも、まわりの大人たちにかなり責任があります。芸能界でいえば、何とか稼がせようと思って、おだてるんです。ブタもおだてりゃ木に登る、といいますが、すべてそのたぐいです。おだてられて、自分が世界でいちばん偉いような錯覚《さっかく》に陥り、いばりまくる。そういう人を見ると、怒りを通りこして哀れになってきます。使いものにならなくなったら、簡単に捨てられることも知らないで。

若い人が間違ったことをしたら、それを叱るのが大人の役目ですが、叱ってむくれられると困るから、大人も注意しない。一事《いちじ》が万事《ばんじ》こうですから、歌の勉強などもしていなくて、音程もリズムも崩れっぱなし。でも本人はまったく気づいていません。

いまの若い人たちには、こんな芸能界の真似だけはしてもらいたくないのですが、どうも悪いところばかり真似ているようで、私には気になってなりません。空港バスの中の娘さんも、スリッパをそろえてもらってもお礼を言わない奥さんも、仲間うちやえらい人たちの前ではちゃんと挨拶するのかもしれません。でも、たとえ知らないおばあさんや、ばあやさんが相手でも、相手が自分のためにやってくれたことに対しては、挨拶くらいしても当然だと思いますよ。

だいいち、ぶっちょうづらをして挨拶もしないなんて、どんな美人でも醜く見えますし、そんな女は育ちが悪く、ロクなものではないと思います。もちろん、ここで言う育ちとは、たんにお金持ちの家に生まれ育った〝お嬢様〟だから、育ちがいいということではありません。金持ちにも、育ちの悪い人はいっぱいいます。

にこやかに挨拶する――これは、べつにむずかしいことでもなんでもありません。むしろ、相手によって、挨拶したり、しなかったりと区別するほうが大変じゃありませんか。いつも、にこやかにしていれば、それだけで女っぷりもぐっとあがります。これは決してウソではありませんよ。

人生には受験勉強よりもっとだいじな勉強があります

乗り物にゆられていると、なんとなくウトウトしてくることがありますが、最近は電車の中で、ウトウトどころか、前後不覚《ぜんごふかく》に眠りこけている若い女性が多いそうです。それも、一週間の始まりである月曜日の朝から！

この話をしてくれた若い男性によると、ぐっすり眠りこんでいるので、「寝姿もなにもあったものじゃない」ということです。なかには、大口をあけて上を向いて寝ている女性までいるとか。

こう聞いただけでも、私はびっくりしてしまうのに、さらにその男性が言うには、こうして車内で眠りこんでいる若い女性の大半が、膝まで開いてしまっているというんです。最近は、ミニスカートがまたはやっていますから、見ているほうは目のやり場にさぞ困ることでしょう。

そうした女性が都心の駅に着くと、ぱっちり目をさまし、つんとすまして降りていくのだそうです。きれいにお化粧をしていて、服のセンスも悪くないので、つんとすました姿はそれなりにサマになっているのですが、さっきまでの眠りこけていた姿とあまりに違うので、若い男としては複雑な気持ちになると、その人は言っていました。

私なら、人前でそんなだらしない寝方をしている女性を見つけたら、顔をぴしゃりとひっぱたいて、叩き起こしてやりたくなるでしょう。ついこっくりと舟をこいでしまい、あわてて眠い目をさまして身じまいをただすというなら、まだかわい気がありますが、人目もなにも気にしない傍若無人《ぼうじゃくぶじん》な寝方をされていては、女性としても許せません。これが女なんだなどと、こちらも同類のように思われては、私としてはたまったものではないからです。

しかも、若い女性の車内でのマナーの悪さは、眠るだけではないそうです。混んだ車内でも、座席をつめて座ろうとしません。お年寄りに席をゆずるなんて考えは、もちろん最初からなくて、隣にお年寄りや中年男性が座ったりすると、きたないものを見るような顔をして、あいだをあけようとするといいます。そのくせ、長い髪をたばねずにいて、その髪が人の顔に当たろうと何しようと平気でいる。逆に、人の手がちょっと自分の髪にさわったりすると、恐い顔をしてにらみつける……。

こんな話を聞くと、いったいどうなっているんだろうと思います。女性から、女としての恥じらいや優しさが失われたら、いったい何が残るんでしょうか。

そういえば、最近の若い女性の顔がみな同じような顔に見えて仕方ありません。たしかに、みんなお化粧がうまくなりましたし、エステだなんだとお金も使っているようですから、一人一人を見ると、小ぎれいにはしています。でも、個性が感じられなくて、しまりがない。表情も乏しいので、私には、のっぺらぼうにしか見えないんですね。

私に言わせれば、こうした顔は、〝心の勉強〟を忘れた顔です。自分を少しでも磨こうという意欲や緊張感もなく、毎日をだらだらとすごしていれば、顔もだらだらしてきて当然でしょう。

それでも、いまは男の人が一生懸命になって若い女性をちやほやする時代で、電車の中でいくら眠りこけていたって、「よほど疲れているんだろうな」と優しく見過ごしてくれますから、若いうちはおもしろおかしくやれるかもしれません。しかし、それもそう長くは続きませんよ。歌手ならぬカスたちが、どんどん使い捨てされてしまうのと同じように、勉強して女を磨いていないと、まわりから相手にされなくなる日がすぐにやってきます。

せめて、人前ではみっともない寝方はしないように、いくら眠くても、目につっかい棒をしてでも眠らないようにするくらいのつもりでいないと、身も心もだらしなくゆるんでしまって、どんなにダイエットしても追いつかなくなりますよ。

§

でも、女を磨くには勉強がだいじ、と私が言うと、「エーッ、まだ勉強しなくちゃいけないの」と、不満そうな顔をする女性が多いですね。「勉強」ということばから、受験勉強などを連想するからかもしれません。長い時間、机の前にしばりつけられる苦痛は、学校のときだけでもうたくさん、という気持ちは私にもわかります。しかし、私のいう〝心の勉強〟とは、そういったものではありません。机に向かって、おもしろくもなんともないむずかしい本を読むことだけが勉強ではないのです。

たとえば、私の場合を例にとると、音楽学校に通っていたとき、家にお金がなくて母と妹の三人が食べていくこともできなくなり、意を決してヌードモデルをやったことがあります。当時は、いまのように簡単にできるアルバイトはなく、だいたい女性が働いてお金を得る方法はごく限られていましたし、ふつうの仕事では一人が食べていくのがせいいっぱいのお金しかもらえません。そこで、やむをえず学校にもないしょで、休学してヌードモデルを始めたわけです。

ヌードモデルといっても、画家の前でポーズをとるだけですが、それでも、私にとっては死ぬほど恥ずかしいことでした。それでも、これをしなければならないほど私は追いつめられていたわけで、いってみれば、私のどん底時代でした。

しかし、このどん底のときに、私は素晴らしい勉強をさせてもらったのです。私がモデルとなったのは、前田寛治《まえだかんじ》先生とか鈴木千久馬《すずきちくま》先生とか、いま思えば一流の方たちばかりでした。モデルを頼まれると、アトリエにうかがって仕事をすることになるのですが、緊張しきった私の気持ちを和らげようという配慮からか、私がポーズをとっているあいだ、いつもレコードをかけて音楽を流してくれました。それも、留学の経験もあるハイカラな洋画家の方たちでしたから、かけてくれる音楽は、クラシックとか、当時は珍しかったシャンソンなどです。

その頃は、どこの家にもステレオがあるというわけでもなければ、コンサートがしょっちゅう開かれているというわけでもありません。いい音楽にふれる機会が、いまにくらべると、比較にならないほど少なかったのです。ですから、モデルとしてポーズをとりながら、私はむさぼるようにアトリエに流れる音楽を聴いていました。そして、これが、私にとっては、またとない音楽の勉強になってくれたのです。とくに、このときシャンソンを聞いていたことが、のちに、クラシックから歌謡曲の歌手に転身したとき、私にはたいへん役に立ってくれました。まだ、一般の人がシャンソンをほとんど知らないうちから、私はシャンソンを唄いはじめました。おそらく、私が日本ではじめてシャンソンを歌った歌手ではないでしょうか。

もうおわかりでしょうが、私のいう〝勉強〟とは、机の前にすわってする受験勉強などとはまったく別のものです。そもそも、私は、受験勉強なんて、そんなにだいじなものだとは思っていません。いくら試験でいい成績をとって、いい学校、いい会社にはいったって、人間の中身が貧しかったら、自分も幸せになれないでしょうし、まわりを幸せにすることもできないでしょう。

だいじなのは、受験勉強などより、自分の心を磨くための勉強なんです。それも、カルチャースクールに行って、「私は『源氏物語』を勉強しましたのよ」などといばってみせるような勉強ではありません。

自分のことばかり考えず、人の心も考える。いつも人に優しく接することができる。こうした心を育てるのが、私の言う〝勉強〟なのです。毎日の生活のなかで、いつでもどこでもできる勉強です。ただし、この勉強をするには、けっこう頭も手も使いますよ。ぼんやりしていたり、怠けていては、人の心もわからないでしょうし、自分が何もできないでいて、人に優しく接することもできないでしょうから。

それに加えて、本当にいいものがわかるようになったら、素晴らしい女性に成長することができるでしょう。たとえば、音楽でも、カスたちのチャラチャラした歌に夢中になる若い時期があってもいいでしょうが、クラシックの素晴らしさもわかってほしいと私は思います。聴く人の心をほんとうに感動させてくれる音楽とは何かということを。

音楽に限らずなんでもいいのですが、自分が本当に感動できるものをもっている人は、イキイキと輝いてきます。女性の場合、見違えるほど美しくなってきます。これは、ウソでもなんでもありませんよ。

それにひきかえ、というとグチになってしまいますが、先にも言ったように、最近の若い女性は美しくない人がなんと多いことか。〝心の勉強〟は、その気になればすぐにできるはずなんです。私も若い頃は、与謝野晶子《よさのあきこ》さんとか平塚雷鳥《ひらつからいてう》さんをお手本に、自分を磨こうとしましたよ。与謝野晶子さんは、情熱的な歌を詠んだ歌人として有名ですが、妻としても、また大勢の子どもを育てた母としてもりっぱな方でしたし、平塚雷鳥さんも、女性運動の先駆者というとなんだか恐い人のようですが、愛を貫こうとした女性としても、私は尊敬していました。そうしたお手本がいくらでもあると思うのですが、いまの若い女性は、お手本を探すことさえ面倒くさがる怠け者になってしまったかのように見えます。

まあ、そんなことをこぼしていても仕方ないかもしれませんが、女の先輩として、やはり黙ってはいられません。とにかく、このまま日本の女性がダメになっていっては、私としてもたいへん残念で、死んでも死にきれないというのが正直なところです。ですから、この本では、たとえ憎まれても、悪いところは悪いとはっきり言っていくつもりです。それで少しでも気がつく女性が出てきて、本当に美しい女性がふえてくれることを願っています。

私の「いいふりこき」人生

だいぶ前のことですが、テレビでとても美しい人を見ました。

たまたまテレビをつけると、NHKで障害者のルポをやっていたのです。画面のその人の気品のある顔立ちから放たれるものは、思わずはっとする美しさでした。私は惹き込まれるように画面を見つめました。

その方は七十何歳かになる女性で、生後まもなく視力を失ってしまったということでした。ご両親は視力がなくても自立できるようにと琴《こと》を習わせましたが、やがてマッサージを勉強し、マッサージ師として生計を立ててきたということです。障害者同士の結婚で幸せに恵まれ、いまは何人もお孫さんがいるということでした。

この方が座卓《ざたく》を前に、インタビュアーの質問に受け答えする姿がなんとも美しいのです。きちんと正座して両手を膝におき、背筋をスーッと伸ばして――これは私がマネのできないところで羨ましいのですが――過去の苦労を問われるままに淡々と静かに語るのです。ことば遣いも端正《たんせい》で、教養の身についた人だなあという感じです。まさに美しく年輪を重ねた人の姿として強く心に残りました。

障害者であるという運命を恨まず受け入れて、おそらくさまざまな心の葛藤《かっとう》もあったでしょうが、それを静かに乗り越え、自分で幸福をつかみとってきたという感じです。

老年になっての姿こそ、いままでの生き方の総決算なのですね。この方の美しさはそのことを静かに語りかけていました。

人間はいやおうなく背負わされた運命をもって生まれます。親を選ぶこともできない、貧富を選ぶこともできません。それは人間を超えた力によるものでしょう。

私は放蕩《ほうとう》の父を嫌い、さげすみましたが、いま思えば、あの父あってこそ、ふるさとを捨て、歌の道を歩んで、今日の私があるわけです。私の異常なほどの美への憧れも浪費癖《ろうひぐせ》も父の血を継いだのでしょうか。

その性分はいまも変わらず、毎月、何枚ものドレスをつくったり、サイドボードに化粧品をずらーと並べて楽しんでいます。お金は自分の葬式費用だけ用意してあればいい、老年だからこそ美しいものを身のまわりにおいて楽しい気分でいたいと思うのです。

母もまた音楽や文学を好み、精神性の美しい世界へ少女時代の私を導き、私は音楽の道へ歩むことになりました。自分の責任で生きるという強い自立の精神も母から受け継いだものです。

夫にそむかれて家を出、二人の娘を連れて上京した母は、三十三歳の女盛りを私のために賭けました。母の意にそむいて流行歌手になった私を信じ、父のない子を生んだときも、一言の迷いの言葉も吐かなかった母――私は母の顔に怒りや悲しみや恨みの表情を見たことがありませんでした。

その母の生きざまは私にとって最大の教師だったと思います。

人にはそれぞれ、さまざまに土台となる運命があって、そのうえに自分の努力で自分を築き上げていく、それが生きるということではないでしょうか。心に幸福の灯をともしながらままならない現実に挑んでいくことだと思います。

私は運命論者ですが、運命を悲観的にとらえず、肯定的にとらえます。

幸運の波に乗っているときは、こう思います。

「ああ、私は本当に強い星の下に生まれてきたんだわ、親に感謝しなくちゃ」

落ち込んだときは、こう思うのです。

「ははあ、運の神さまが、思い上がりを戒《いまし》めてくれているんだな。気をつけなければ、もっと努力しなければ、運に見離されてしまうぞ」

そのようにして、生まれながらのじょっぱりといいふりこきで、歌一筋にここまで生きてきました。

いいふりこきとは、ふるさと青森の言葉で、見栄っぱり、人にいいところを見せること、気障《きざ》ったらしい、などという意味で使われます。

普通に考えれば、いい意味ではありませんが、いいふりこくには苦しくても、悲しくてもメソメソしたところは見せられません。貧しくとも、貧乏くさい印象を人に与えたくない、人間としての一種の誇りのような気概《きがい》が感じられて、私はこのことばが大好きなのです。

いいふりこきを自分の励みにし、自分を磨くバネとするのであったら、少しも悪いことではありません。私は自分のいいふりこきを、むしろ誇りとしているくらいです。

仕事のことでは私はやりたいことをできる限りはやってきましたから、後悔することはありません。

ただひとつの悔いは母親としての失格者であったことですが、いま娘が幸せな結婚生活をしているのを見ると、それも時が許してくれたように思えて、ほっと安堵《あんど》の胸をなで下ろすのです。

子どもを充分に育てられなかったという思いがあるからでしょうか。私は赤ん坊が大好きです。人一倍いいふりこきをしたくなります。

あるとき、空港の待ち合い室にいると、三つぐらいの女の子が私のそばへきて、「のーりちゃん」と呼びかけるのです。お母さんにでも名前を聞いたのでしょうか。

私は「はーい」と答えます。するとちょっと恥ずかしいのか、ちょろちょろとお母さんのところへ帰っていきます。しばらくするとまたきて「のーりちゃん」「はーい」。そのうち、「あのね、いくちゅ？」

これにはまいりましたが、この頃の私はこんなことがとても楽しいのです。

八月十二日に、私は満八十三歳を迎えました。この私の前には、ライブやコンサートで私の歌を聴こうと待ってくださる人たちがたくさんいます。若い人たちがだんだんふえてきて、「昔はこんないい歌があったんですか」と感動してくれます。なんと幸せなことかと胸が熱くなります。

思えば六十二年間、私は歌を通して、どれだけ多くの人たちとの出会いを持ったことでしょうか。私はやはり流行歌手の道を選んでよかったと思います。

「あなたは、歌といっしょに死んでいくのね」

と、いわれた久保田先生の言葉が、いつも胸のうちに生きています。

私は舞台で死にたい。人生の最期《さいご》まで歌いたい。歌いながらふっと意識がうすれ、うすれた意識の中で、自分の歌声もまた遠くなっていく……。

天命にまかせたその日まで、私はもっといい歌を、もっと上手な歌を、とたゆまず、努め続けていきます。

世阿弥《ぜあみ》は、老父の最期の舞台に〝まことの花〟を見たと『花伝書《かでんしょ》』に書いていますが、私もまた老いて〝まことの花〟を舞台に咲かせることができたら本望です。

Chapter 3

恋愛・結婚

——常道はありません

恋愛において決していってはいけないことば

恋愛には勝ちも負けも本来はありません。失恋したからといって負けたことには決してなりませんし、恋い慕ってくれる相手を無視して勝ち誇った気持ちになる人もまずいないでしょう。

恋愛に常道はありませんが、とくに若い女性にこのことだけはいっておきたいと思います。

それは、男と女が恋仲になったとき、人間としての最低の誇りを忘れ、相手に対して卑屈《ひくつ》になることほど哀れでみじめったらしいことはない、ということです。

男と女が恋仲になったとき、決していってはいけないことばがあります。それは、

〝捨てないで〟

と

〝結婚して〟

の二言です。

いまどき、そんなことをいう女の人なんているかしら……というあなたは、恋愛したこと

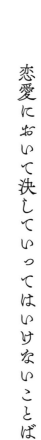

のない人か、しばらく恋から遠ざかっている人ではないでしょうか。相手の男を好きになればなるほど、こういう気持ちになるものなのです。ところが、この〝捨てないでちょうだい〟ということばや〝結婚して〟ということばほど、男にとってイヤなことばはないのです。

このことばが女性の口から吐かれた途端、二人のバランスは崩れます。男性は優位に立ちますが、嬉しくはないはずです。素敵な女性だと思ってこれまで一生懸命愛してきたのに、卑屈になってしまった彼女を見てはガッカリしてしまうからです。

〝結婚して〟とか〝捨てないで〟と女からいってはいけません。いつでも、何にもなかったような顔をしていることです。いつもあなたが彼ばかりを見ているのではない、時には知らん顔して離れそうになるな、と男性に心配をかけるくらいでいいのです。すると男はあわてて追いかけてくるものです。でもきっぱりと離れるようなことをしてはいけませんよ。男はプライドの高い動物ですから。

〝結婚したい〟という気持ちは男も女も同じなんだから、どっちがいってもいいじゃないか、と思う人も、とくに最近の若い女性には多いでしょうが、男性の気持ちというのは、案外に複雑で、自分からいうのと、相手からいわれてというのでは、天と地ほども違うのです。

ですから、結婚したくなったら、女性は決してストレートに口に出したりせずに、相手にいわせるようにし向けるのです。自分でいったら、この勝負は負けです。もし、肉体的に結ばれていても、です。

このことばは男に負担を与えるのです。男性は女性と違って、縛られることがことのほか嫌いです。たとえ好きな女であっても、その女から〝結婚してちょうだい〟なんていわれると、相手に綱で縛られるような気になるのです。男が自ら覚悟を決めて〝結婚しよう〟といってのうえでなら、縛られるのもまたいいのでしょうが。

でも、この頃は逆に、〝捨てないで〟とすがる男がふえているそうですが、そういう男は論外です。情けない時代になった、女の受難の時代だと思うのですよ。

一度は結婚してみなさい

仕事にどんなに打ち込んでいる女性でも、結婚したい、というのは正直な女心でしょう。誰もそれに水をさす権利をもたないと思います。

結婚ということだけを考えれば、私は「恐れずに飛び込みなさい」といいます。

もちろん、しなくてもいいのが結婚というものです。一人で大丈夫生きていくわ！　といい切れるなら。ただ結婚したいのなら、一度はしてみることです。

してみること、なんていい方をすると、結婚をどう考えているんだ、フマジメな！　とおこられそうですが、何だかんだといっても、結婚生活というのは、実際してみなければわからないものなのです。

私は、結婚というのが好きではないので、ずっと独身ですが、それも一度とにもかくにも結婚生活をしてみたからこそ出た結論なのです。

四年あまりの結婚生活の後、やはり私には仕事のほうがいい、私には主婦より歌手のほうが合っているという確信が持てたので、こうして仕事一途《いちず》に長いことやってきたわけですが、一度も結婚していなければ、今のようにはっきりといい切ることはできなかったでしょう。というより、仕事をしながらも心の隅で結婚に憧れ、辛くなれば結婚に逃げたくなり、自然仕事も中途半端にしかできなかったかもしれません。

体験というのは強いものです。私にとっては、決して結婚とは安住の場とはなりえない、とわかったから、一生懸命に仕事に打ち込んでこれたのです。

§

未婚の女性が結婚に憧れる気持ちはごく当たり前のことです。灰色だバラ色だ、天国だ墓場だのといってみても、それは人それぞれで頭の中で考えていても始まりません。

私のように思いがけなく苦しむ人もいるでしょうし、また思いもかけず最高の幸せを得る人もいるはずです。

何でも経験してみればいいんじゃないでしょうか。経験する前に恐れ、逃げていてはダメです。経験に負けず、生かし、乗り越えていく気持ちを忘れてはいけません。

人間は裸で生まれて、死ぬときも何ももってはいけません。失うことや傷つくことを恐れるなんてナンセンスです。もともと何ももっていないのが人間なのですから。

いろんなことをしてみて、その中からひとつひとつ自分に合うものを見つけ出していかなくてはならないのです。

仕事が好きでしょうがないなら、何をおいても仕事に打ち込むのです。結婚したいのなら結婚します。結婚しても仕事を続けていきたいのなら、よく話し合って、助け合って、仕事を続けていけばいいのです。それだけのことです。

夫婦の時代を幸福に紡ぐには

私はかつて、八年ほどＴＢＳラジオの「身上相談《みのうえそうだん》」のレギュラーをつとめたことがありました。自分自身が平和な家庭の闖入者《ちんにゆうしや》であった過去がありますから、耳の痛いことが多く、妻子ある男との恋愛の罪の深さが身に沁みました。

身上相談といえば、それまでは「我慢しなさい」とか、「あなたのほうも反省して」とかいう回答が多く、これも男性優位時代の価値観のもたらしたものだったのでしょう。

その頃自立した女性はまだまだ少ない時代でした。ズバリとものをいう性分の私は、「そんなくだらない男とはさっさと別れるに限ります」などといってしまいます。さっそく投書がきました。「人の一生の大事をまるで大根でも切るように簡単にいってのける」とのお叱りです。

私としては、女が強く生きてほしいとの願いであったのですが、まだまだ時代はそこまできていなかったのですね。いまから三十年ほど前のことです。

局からはもうちょっとお手やわらかに願えませんか、ということになり、「では、生ぬるくやりましょう」とやってみると、今度はおもしろくないという。それで元通りのズケズケ回答に戻ったのですが。

当時の身上相談は夫の浮気の相談が多かったのですが、女性の地位の向上とともに身上相談の質もしだいに変わってきました。

二十年ほど前になりますが、今度はテレビで女性の人生相談をやったことがありました。あれはウーマン・リブが叫ばれ始めた頃だったでしょうか。結婚するのがいいか、愛人でいるのがいいかという奇抜なテーマで討論したことがありました。

私は「仕事を持った女性なら、愛人のほうがいいですよ」と意見を述べました。自分の経験からして、仕事と家庭を両立させることはいかに困難か知り尽くしていましたから。スタジオには視聴者の方が十数人いて、司会者が「いまの意見に賛成の方は?」というと、手をあげた人は二人きりでした。視聴者はほとんど結婚して妻の立場の人たちでしょうから、きっと不快だったろうと思います。それで番組から降ろされました。

しかし、そのときの意見はいまも変わりません。私は男の人を愛する以上に仕事を愛するエネルギーのほうに重きをおいてしまったからです。不器用でしたから、上手にエネルギーの配分ができませんでした。そういう女には、責任と義務の伴う妻の座は重すぎたのです。

しかし、いまは多様化の時代です。結婚の形態ももっと自由に融通《ゆうずう》のきくものもあるはずです。

§

私はただ一度、三年間の結婚生活をしました。結婚に行き着くまでは人なみに夢もロマンもありました。けれど、同時にそこには打算《ださん》もあったのです。私は歌手であり、相手は新進のジャズピアニスト和田肇《わだはじめ》。彼の伴奏で歌うととても楽しい、私のジャズもうまくなるんじゃないかしらという幻想を抱いたのです。

私は二十四歳でしたが、かなり人気が出ていましたから、彼のほうにもまた世に出るのに私の力を借りられるという打算があったのです。打算はお互いさまだったのです。

ところがです。結婚してから、彼の隠していたことがあまりにも多いのに驚きました。彼には結婚直前まで同棲した女がいて、その女が結婚式の翌日にわが家にねじ込んできたのです。そのうえ、彼の父は本妻と別れて妾と住んでいるという乱れた家庭でしたから、私は彼の母親といっしょに住んで、自分の家庭と彼の家庭を食べさせるために働かなければならなかったのです。

けれど、そうしたことより何より、私にとっての大問題は、私が彼に望んだのは〝先生〟であったにもかかわらず、彼はピアノを弾いてくれるどころか私に〝妻〟の役割を強く要求したことです。家事が嫌いというより、歌うことをそこなわれるのが何よりたまらない私が、それでもやむなく世話女房めいたことをやったのですが、それも一年が限度でした。

別れたいというと、彼の叔父という人からまるでおどしのような扱いを受けました。私の恋の終わりはいつも未練《みれん》なくすっきりと別れたのですが、このときばかりはそんなぬかるみに足をとられたこともあって、足かけ三年の結婚生活となりました。

その別れの日のことです。思い出すたびに自分でもあまり感心できたものではないと思うのですが、私はこういったのです。なんの前置きもなく、

「私、今日帰ります」

彼は腹を立てたりはしませんでしたけれど、その唐突さには驚いたことでしょう。

「私、帰ってきたわ」

玄関に立った私に、母はいいました。

「お帰りなさい。お腹すいたでしょう」

余計なことは何ひとつ聞かず、いかにも母らしい迎え方でした。

私の結婚生活の背景には、そういう複雑さがあったとはいえ、それを別にしても、初めての結婚生活の中で、私は自分がいかに拘束《こうそく》され束縛《そくばく》され、歌を奪われたかを痛切に知りました。私は結婚してはいけなかったのです。

結婚生活は協調の上に成り立つものです。協調とはことばを変えれば、お互いが妥協して譲り合うことで、そこでは自分の何かを犠牲にして忍耐することです。喜びながらそれをすることが本当の愛であり、そのとき、犠牲という考えは生まれないことでしょうが、自我を強く主張すれば、順応できません。

ならば、結婚するより、恋人同士としての時間をもつほうが幸せではありませんか。それが身上相談のときの私の回答だったのです。

人生八十年時代は、結婚生活は五十年以上にもなりました。この長きにわたる夫婦の時代を幸福に紡ぐには、打算などではとうてい貫けるものではありません。

サン＝テクジュペリではありませんが、夫婦の愛とは「互いに見つめ合うのではなく、同じ方向、同じ目標を見つめて歩く」同士の愛なのでしょうね。

肉体の愛から家庭の愛、そして精神的な愛へと昇華したとき、本当の夫婦愛が結ばれるのだと思うのですが、残念ながら、私はそれについては落第です……。

結婚も仕事も立派にこなしていくための知恵

私は、女性が働くことは大切なことだと考えています。仕事を通して社会と接し、人生を磨くことは素晴らしいことです。

ただ、結婚と仕事と二つのことを同時に進めるとき、どんなに大変で、どういうことに問題があるか、あくまで私の経験から学んだことだけですが、話してみたいと思います。

昔は、女というのは家の中にいて、家の中のことをしっかりやっていくのが役目で、またそうするものと誰もがしつけられてきたのです。

結婚すれば、いい奥様として家の中にいることが当然のこととされてきました。

ところが、近頃は未婚のときはもちろん、結婚してからも働き続ける女性が増えてきました。そこで、考えなくてはいけないのは、働くこと、ということだけではなく、家庭と仕事をどう両立していくか、ということです。女性が仕事を続けるうえで、必ずぶつかることです。そして、別の見方をすると、家庭がうまくいっていない例、ことに女性が疲労困憊《ひろうこんぱい》している例が非常に多いのです。

たとえば、私の場合は、歌手とピアニストの結婚でしたから、一見すればうまくいきそうです。ところが四年ほどで破局を迎えてしまったのは、お互いいけないところがあったのはもちろんですが、私が〝仕事が大事〟という感情を抑えられなかったことが一番の原因です。私は仕事のほうが大事で、家庭のことは何もできなくなっていきました。自然、夫婦の間には亀裂《きれつ》が入ります。とくに私のような自由業は時間が非常にルーズで、朝は何時から夜は何時まで、というふうにスケジュールを決めるわけにはいきませんから、夫婦のスレちがいも激しく、いっしょに食事できるのは数少ないということになってしまいます。自由業でなくとも、仕事というのは大変なものですから、いずこも似たり寄ったりではないでしょうか。だから、女が仕事をずっと、できれば一生続けようとするならば、よほど結婚には気をつけないと、みすみす不幸になってしまうのです。うまくいっている夫婦ももちろんありますが、きっとそこには周囲の協力というものがあるのです。そうでもしてもらわないととてもできませんね。

そのうえ、子どもが生まれたら、ますます夫婦関係は大変なことになってしまいます。夫との関係と子どもとの関係とが、女と女の仕事を、他意はなくとも圧迫するのです。ですからどうしても働き続けたいのなら、きちっきちっと、ひとつずつ、物事を片づけていく必要があります。私の経験からいえば、共稼《ともかせ》ぎは若いうちだけ。子どもが生まれたら一時休業。子どもの世話に専念し、そして子どもに手がかからなくなったらまた何か始めれば、結婚生活もちょっとはうまくいくのではないでしょうか。

もちろん、私はそうせずに結婚がうまくいかなかったのですから、反面教師的な考え方ですけれど、その時点において何が最も大切か、ということをよく考えて、腹をすえてかかることですね。

男は女よりずっと淋しがりで甘えん坊なのです。女があまり働きすぎて稼ぐと男がヒモ的存在になってしまうことがあります。

また、夜、家へ帰って電気がついていない、いつも妻のほうが帰りが遅い、しかも食事もなかなかいっしょに食べられない、というのが続くと、男は淋しくて耐えられないのです。世のたいていの女は同じ目に逢っても我慢していますのに。

男性の意識は、昔も今も大して変わらず、やはり、妻を家の中においておきたいという気持ちが強いのです。

そこで、家庭を円満に、仕事も立派にこなしていくためには知恵が必要になってきます。上手に主導権を握るのです。といっても、下手にリードすると、「あいつは生意気だ」とか「可愛気がない」といわれ反発されます。

女も働いていると立派になってきます。が、家にあっては「カワイコブリッコ」でも何でもすることです。男は頼られると女を可愛いと思うものなのです。内面と外にあっては立派で強くとも、家で夫に見せる顔は「頼っています」を装う――大変な努力でしょうが、やってみることです。

私は、生きるために、〝頼れるのは自分だけだ〟という考えがしみ込んでしまいましたから、結婚はうまくいきませんでしたが、仕事の方が何より大切でしたから、〝誰にも頼らない〟という精神のおかげで大成できたようなものです。

あなたにとって何が大切なのか、ということです。

会社勤めをして、あまり仕事にだけ熱中しないようにしようとすれば〝腰かけ〟といわれるし、仕事を懸命にしていると〝可愛くない〟といわれるし、本当に女は大変です。

§

結局、仕事を第一に選ぶのなら、好きな人とは結婚をせずにずっと恋人同士のようにしていくのがいいのじゃないかしら。お互い会いたいときに会うのなら、生活のわずらわしさを二人の間にひきずり込むこともありませんしね。

何しろ、結婚というと男性は、妻よりもお手伝いさんをもらうような気持ちでいることが多いのです。昔の女はそれでも耐えていましたが、今の人はそうはいかないでしょう。自分の役割が妻であるよりお手伝いとしてしか求められていないとわかったら、我慢できないにちがいありません。

男と女の気持ちがどううまくからみ合うか、そこですべては決まってきますが、デートしているだけでは、やはりわからないことのほうが多いのです。

反発されるのですが、私は「まず同棲《どうせい》をしてみてから決めることよ」とすすめます。スウェーデンなどではたいていそうだそうですね。私、それはとてもいいことだと思います。

同棲してみて、これなら結婚して長くやっていける、と思ったら結婚すればいいのです。だめだ、と思ったら別れればいいのです。どんなに表面上はうまくいきそうでも、人は十人十色、やはりいっしょに暮らしてみないとわかりません。まして女が仕事を続けたいと思うなら、よくよく相談して、とにかく同棲でもしてみなければ、なかなかうまくはいかないでしょう。

同棲は決して悪いことではないと思います。お互いを理解して、そこから結婚に進むほうが何にせよ、うまくいく確率が高いと思うのです。

§

では、どんな人が結婚相手としていいのでしょうか。それは、相談できる人、単なるおしゃべりではなくて、きちんと話し合える人、そういう人を結婚相手に選ぶことが大切なのです。

ですから、死ぬほど好きな人と結婚しようというのは、ちょっと待ちなさい、といいたいのです。好きで、好きで、その人の前に出ると、すっかりノボせてしまって何も話せなくなってしまうような相手とは、決して結婚しないことです。

毎日いっしょに暮らしたら、相手に嫌われたくない一心で、相手の気に入るようにしてしまうのが女の本当のところでしょう。対等に話し合うなんて、そうなったらとてもできません。結婚は力関係だと極言するわけではありませんが、一方的な押し出しをくう例は多いのです。

恋愛は、むしろ美しい物語を残して終わったほうがいいのです。

「この人は死ぬほど好きな人ではないけれど、結婚にはふさわしい」と思える男性、そういう相手こそ、望ましいのです。いっしょに暮らしていく中で、しだいに深い愛情で結ばれていくこと、長続きの極意ですね。

結婚相手は〝さりげない人〟がいちばんいいような気がします。

ですから「まあ淡谷のり子らしくもない」といわれそうですが、私は見合結婚も捨てたものではないと考えているのです。

私は両親の不幸な結婚、ことに、父が家を顧《かえり》みなくなってからの母の苦労を見て育ちましたから、人は決して頼りにならない、頼れるのは自分だけだ、と早くから体に刻むように確信していました。

たとえ愛し合い信頼し合って結婚した夫婦でも、疑いなくお互いよい関係でいられるのは、何もない時、順風の時です。

いざ、というときに、それが真の愛情かどうかが、いっぺんでわかるものです。

夫としてこの人ほどふさわしい人はいない、男らしく、何があっても私を守ってくれるわと信じていても、いざというとき、自分を犠牲にしても妻を守ってくれるか、それとも自分さえ助かればいい、とか面倒なことには巻き込まれたくないと逃げるか……。

それを知るのはとてもこわいことでしょうが、いやでも知らされるときがやってくるものです。

もし、あなたを見捨てるような夫であったとしても、それはそれで仕方がないでしょう。問題なのは、その時からあなたがどうして生きていくか、です。

「信じていたのに裏切られた」と泣いたり呪《のろ》ったりしていても事態は変わりません。しっかり自分の足で歩いていくしかないのです。

結婚生活というのを、夫の庇護《ひご》の下で一生安泰《あんたい》に生きていけるもの、と誤解しているとよけい精神的にもダメージを受けるのです。やはり、結婚生活は二人で進めることのようなものと考え、一人でも生きていけるよう常に自分なりに用意しておくことだと思います。それは決して夫を信頼していないことにはなりません。

浮気への対処法——見て見ぬふりをすること

もし、ご主人が浮気をしたら、あなたならどうしますか。

かつてラジオで身上相談を長くやっていましたが、このテの相談の多かったこと多かったこと。それぞれに異なる事情がありましたが、私の答えはたいてい同じでした。それは、「見て見ぬふりをすること」です。

というとずいぶん無責任ないい方のように思われるかもしれませんけれど、浮気のうちは知らんぷりが一番なのですよ。あれこれいいつのるのは逆効果、かえって浮気を本気にさせかねません。

浮気の証拠をしっかりつかんでも、それをつきつけてなじったり、泣いたりわめいたりしてはいけません。

まして、確たる証拠もないのに何やかやとせんさくするなどもってのほか。そんなことをすると、夫は急に妻がうとましくなってしまうものなのです。夫に、あなたを、浮気の相手よりもつまらぬ女だと思わせるような言動を見せるのは、愚かなことです。

男は、すべて、どんな人でも、チャンスさえあれば浮気するものだ、というのが私の考えです。そして、口をぬぐうにちがいないのです。だから、どんな男でも、遊んで浮気するものだと覚悟することです。男とはそういうものだと、寛大《かんだい》に許すのです。それが結局、妻としてのあなたの素晴らしさを見直させることになるのです。そして、浮気である限り、必ずあなたのもとへ帰ってきます。

ただし、「逆もまた可なり」と思ってはいけませんよ。男とは勝手なものです。もし、妻が浮気したら、絶対に許しません。

だから、女が浮気するなら決してバレないように上手にしなさい（ただし、女の浮気は本気になることが多いので危いと思いますが）、男の浮気は大目に見て、知らんぷりしなさい、というのが、浮気についての私の結論なのです。

実に、結婚には才能がいるということです。

姑は「隣のおばさん」と思いなさい

結婚して一番戸惑ったり、「こんな伏兵《ふくへい》がかくれていたか」と歯ぎしりしてしまうのは、結婚とは二人だけの問題ではなかった、と気がついたときだと思います。

その中でも夫のお母さんというものの存在の、何と大変なこと。だからいつの世も「嫁と姑《しゅうとめ》」の関係は、古くて新しいテーマなのでしょう。

昔のほうがたしかに嫁の立場というのは辛いものだったはずです。大家族のうえに、労働の量は今とははるかにくらべものにはなりませんからね。

反面、昔は子どもがたくさんいて、お姑さんもそんなに暇ではないし、目が届きませんでした。平均寿命も短かったし。

いまの姑さんは若くて元気ですし、子どもが少ないですから、どうしてもお嫁さんへの注文が多くなるでしょう。そればかりではなく、お嫁さんがまだ子どもすぎるとか、今までベッタリしていた息子をとられた感じがして張り合う気持ちがあったりして、うまくいかないのでしょう。

まあ、私にいわせれば、嫁も姑もどっちもその年齢にしてみれば子どもだということではないでしょうかね。

お嫁さんの立場への忠告でいえることとは、決して自分の母親と姑を比較してはいけないということです。

「あの人は自分の夫の母親で、私の母親とは違うのだ」

とはっきり割り切るのです。極端にいえば、隣《となり》のおばさんの一人なんだというくらいのいい割り切り方をしてつきあうのです。自分の母親に対してなら、気分が悪いとき仏頂面《ぶっちょうづら》をしてろくに返事をしなくとも許してもらえるでしょうが、隣のおばさんに道で会って、ブスッとしたまま通りすぎたら、もう明日から近所中で何をいわれるか、わかったものではないのと同じように考えるのです。

次に、いちいち逆らわないことです。

いまは、いじめるお姑さんは少なくなって、むしろお嫁さんに気を遣っている人が多いでしょう。そんなお姑さんに逆らってばかりいては、かえってかわいそうです。自分から一歩下がるくらいの度量がお嫁さんにもほしいですね。

§

本来、お嫁に出す前に、母親が娘に、婚家《こんけ》の母親とはどういう接し方をすべきかを、きっちりと教えておくことが必要なはずです。

昔は当然そうしていたのですが、今私は、母親が娘にどういう教育をしているのかしらと、とても不安に思うのです。自分の母親と友人関係のようになっている娘は、嫁いだ先の姑とも、また同じようにしてうまくやっていける可能性が高いのではないかと、私は考えます。

もちろん、いい友人関係というのは〝親しき仲にも礼儀あり〟を忘れては成り立ちません。

お姑さんに逆らうな、というのは、服従しろということではありません。

「おかあさん、これはどうしたらいいでしょうね」

と、何でも相談し、話し合うのです。

こちらが心を開いていっても、かたくなにしている人間なんて、そういるものではありませんからね。

お姑さんも何とか近づこうとしているのです。それを、

「いいです。自分のことは自分でしますから。私たち夫婦のことはかまわないでください」

とピシリとはねつけるようなことはしないことです。

因果応報《いんがおうほう》という言葉を知っていますか？　お嫁さんはお姑さんの予備軍だということをお忘れなく。いつかはあなたがもっとこわい嫁にいびられるのかもしれません。

それなのに人間は自分のいまの立場しか考えられずに、悩んだり怒ったりして、それをあくことなく何代も何代も繰り返しているのですから。本当に「嫁と姑」とは救われない生きものだと思うのです。

Chapter 4

生涯現役
――前向きに生きてこそ人生

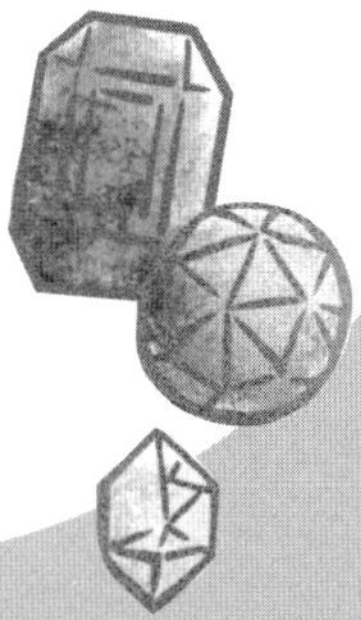

始めるのに遅すぎるということはない

女性に年齢を聞くことは、マナーに反すると思われた時代がありました。いまでも、年齢をかくしたがる女性は少なくないようです。これは、若さこそ美しいという若さ信仰の名残りだと私は思っているのですが、同時に女が男性に従属してきた証拠でしょうね。

私は八十三歳の今日まで年齢を意識したことがありません。〝老人〟という言葉を聞いても他人事のようにしか思えません。しかし、ここまで生きてきたこと、年齢を重ねられたことに誇りを感じています。問われれば、私は胸を張って答えます。

「八十三歳になりました」

年齢のことなど考えるひまもなかったというのが実感でしょうか。いつもいつも心の中は、よい歌を歌おう、もっと勉強しなくちゃという思いに占められていました。歌を聴いていただく歓び、歌の心を伝える歓びの中で生き、舞台では花でありたいという強烈な願いが気力となって、気がついたらここまできていた、という思いなのです。

もし、私に歌がなかったら、〝じょっぱり〟（意地っ張り）でわがままなシワクチャばあさんになっていたかもしれません。

歌という生きがいが私を支えてくれているのです。私がこの道に入って六十二年になりましたが、私が本当に歌を自分のものとして歌えるようになったのは、六十歳をすぎてからではないかと思うのです。それまではいわば、ウォーミングアップだったのではないかと。

私の妹のとし子は八十一歳になりますが、いまなお何十年来のピアノ教室を続けています。これまでたくさんの生徒を育て送り出していますが、この二つ違いの妹の仕事ぶりを見ていると、年輪の重みをつくづく感じるのです。

そうそう、この間、こんな話を聞きました。その人はカルチャーセンターのある作文教室に二年前に入学しました。八十歳でした。自分の人生を書きとどめるための勉強をするためだったというのですが、その熱心さと気迫は、若い人たちを圧倒し、彼女はたちまち教室のアイドルになってしまいました。

八十年あまりにわたる人生の体験には、若い人には測り知れない底深い悩みや悲しみや悔恨もある代わりに、初々《ういうい》しい歓びの思い出があるでしょう。書くことによって感性を紡ぎ出し、人生を残る作業に打ち込む姿は胸を打たれる思いでみなさんが応援している、とその先生は話してくれました。

それで思い出しましたが、アメリカのある評論家は、現在、老いを迎えようとしている人たちを〈六十五歳プラス世代〉と名づけているそうです。

老人としての法律的な扱いを受ける六十五歳から先の人生は、いままでの人たちが生きられなかったプラスの年月であり、プラスの第二の人生を歓びと輝きの中で生きよう、ということのようです。私もこの意見に大賛成です。

考えてみれば四十や五十というのは、人生学校の幼稚園だったような気がします。六十になって初めて、人間のおもしろさ、悲しさ、喜びを含め、人生というものがほの見えてきたように思います。仕事の意味もようようわかって実りの季節を迎えたように思います。人生とはそれほど深いものなのですね。

最近、人の一生の身心の成長を、ある医学関係者のデータによるグラフで見る機会がありました。それによれば人間の体力は二十五歳をピークに、以後なだらかな下り坂を示しますが、精神能力のほうは二十歳からだんだん上り坂になって、なんと最高は六十歳なのです。それからは少しずつ下り坂ですが、それでも百歳になっても、四十歳ぐらいの精神力を維持できるのです。

このデータはまた、若さ信仰をくつがえすかっこうの資料ですね。五十そこそこで「もうダメ」なんて絶対にいってはいけません。それは自己放棄《ほうき》以外のなにものでもありません。

この最高の精神力に、年輪による積み重ねの知恵をプラスできるかできないかが美しい老いの岐《わか》れ道といえそうですね。

§

六十歳が最高というのは、人間の成熟の段階を示しているわけです。私たちは少年少女期を経て、社会人となり、結婚し、子どもを育て、結婚させるといった人生を積み重ねて、さまざまな体験から学びとった知恵が集大成するということでしょうか。

この時期は、日本の大方のサラリーマンの定年の時期ですね。子どもたちもすでに独立の時期です。まさにひとつの職業を終え、もうひとつの自分の人生つまり第二の人生の始まりと考えたいものです。いままでの第一の職業は、子どもを養い育てるための職だったかもしれません。今度は、自分の新しい面を拓く人生です。

そこで、好きなことを始めてみようではありませんか。ここで、「ああ、もうトシだわ」「このトシで何か始めるなんて億劫《おっくう》だわ」と思ったら、もうおしまいです。そういう人はきっとみた目もふけるでしょうね。気力の衰えは体のあちこちに起こりかけている老化現象を誘い出してしまうでしょう。

「六十の手習い」という言葉にはかつて「年寄りの冷水《ひやみず》」的なイメージもありましたが、いまや当たり前の人生の階段ではないでしょうか。

やりたいと思うことは一生懸命やれば必ず実りは得られます。六十からだって二十年以上あるんですもの。その間の積み重ねは青春に劣らぬものでしょう。経験に裏打ちされた知恵がものをいいますもの。

七十歳を超えてから絵を描き始めて世界的に有名になったアメリカの女性画家グランマ・モーゼス——モーゼスおばあさんについては、ご存じの方もたくさんいらっしゃるでしょうが、その画が語りかける牧歌的な生活の詩は、私たちの心にぬくもりと安らぎを呼び起こしてくれます。

モーゼスさんはそれまで平凡な農家の主婦だったのです。彼女の画業は、まさに眠っている才能は必ずあるということを、才能は掘り起こすものだということを、そして生きる勇気と歓びを与えてくれます。

どなたにも好きなことはあるはずです。まず、そこから始めてはいかがでしょう。本を読むこと、絵を観ること、文章を書くこと、歌うこと……。私の知っている七十五歳の男性はある市のコーラス団員になり、昨年暮れには〈第九〉を合唱しました。そのために、彼はドイツ語の勉強も始めたというのです。

何を始めるにも遅すぎるということはありません。八十歳になってから自伝を書くための勉強を始める人もいるのですから。

精神力最高の六十歳のチャンスを逃さずに、新しい第二の人生へ挑戦しましょう。それはあなたの第二の青春になるはずです。

私は歌うことにかかわる限り、つねに青春を感じていますが、青春とは年齢でなく、まさに精神のあり方ではないでしょうか。生き生きと躍動する精神には老いの入り込む隙はありません。

自分自身を映す鏡で今日の自分をチェック

私が家計簿をつけるといったら、意外と思われますか。そういうと、たいていの若い人たちは一様に「えっ、ほんと?」といいます。それが年輩の方ですと、「さすがに……」といった反応を示してくれます。

家計簿といっても、小遣い帳のようなもので、賢い奥さんたちのつけているあの家計管理のための立派な家計簿ではありません。

お金勘定がまったくできないマネー音痴の私ですから、はじめ、税理士さんからいわれたときは、いつまで続くやらと自分でも自信がなかったのですが、むしろ、書かないと気持ちが落ち着かないほど習慣になりました。

これでも、私は、見かけによらず、きちょうめんなところがあって、自分で決めたことは、きちんとやるほうなのです。

お小遣い帳をつけているうちに、私は、思いがけない発見をしました。出費のあれこれを記入し、領収証の整理をしていると、一日の自分の動きを追うことができるのです。

あれあれ、またこんなところに無駄づかいしちゃって。そうそう、この花屋さんとても感じのよい人だったわね——。

お小遣い帳は日記がわりにもなるのですね。そうやって一日を追っていると、だんだん、心が落ち着いてきます。つまり、そのひとときは、私が自分自身と向き合う時間なのです。

慌《あわただ》しい一日の中のこの静かな時間が、私は愉しみになりました。家計簿をつけることが義務ではなくなったのです。

たいていクラシックのレコードを低く流します。音楽を聴きながら小遣い帳を書き終わると、いただいた手紙を読んだり、夕刊を見たりして、ゆっくりと入浴をします。

静かに流れる夜の時間は、人間を内省的にしてくれるのでしょうね。私は床に入ると、静かに目をつぶって大きく呼吸し、一日の動きの中の自分をチェックします。

朝起きてから、寝るまでのすべての行動をもう一度思い起こします。そのとき、自分の動きをちょうど上から見ているように意識を集中するのです。つまり、客観的に自分をチェックするのですね。ほんの五、六分のことでしょうが、そうして自分を客観的に見ていると、自然に心が安らいでいきます。

私たちの行動はつねに主観的です。こうして、一日のしめくくりに、自分を客観視すると、いま、こうして、生きている自分の存在に深い感謝が湧き上がってきます。

——今日も一日愉しくすごさせていただきました。ありがとうございました。

こうして私が眠りにつくのは、たいてい午前二時頃。闇を通して、車の音がかすかに伝わってくる静かさの中で、私は幸せな眠りにつきます。

§

私が毎日の習慣としているこの寝る前の小さな〝行事〟は、若い大学の先生から教えられた方法です。

好奇心の強い私は、人から聞いたり、見たりして、よいと思うことは、すぐ実行する性質《たち》ですが、三年前「自分をどう生かすか」というテーマの会合でお知り合いになったY先生からうかがったこの方法に惹きつけられ、私はその夜から早速実行したのです。

就寝前の人間の心が最も安らいでいるときに、自分を客観視することは人間の霊感、つまり、インスピレーションを高めるのだということでした。

インスピレーションというのはひらめき、啓示《けいじ》といってもいいでしょうか。心のリラックスした状態のときに湧き上がるのですね。

歌というのは、つねに、心が澄んでいなくては歌えません。わだかまりやうれいが心を占めていては歌の心を表現できません。インスピレーションのない芸術家は芸術家とはいえません。

おかげで私は以前よりいっそうぐっすり眠ることができ、さわやかな目覚めを与えられるようになりました。歌うこと、仕事することに疲れを感じなくなりました。毎日が愉しいのです。

考えてみると、私たちは、自分を映す鏡を持っていないと、自分本位の生き方に溺れやすいものなのですね。その鏡は夫や子どもや、時には友人であったりとその人によってさまざまでしょうが、この就寝前の自己チェックは、私にとって自分を映す私の心の中の鏡なのです。

その鏡に映る自分の姿がいつまでも美しくありますように。そのために私はいつまでも心を燃やして生きたいと思うのです。

私の不快解決法

最近、知人に「あなた、なんだか観音《かんのん》さまみたいな顔になってきたわね」といわれました。それで思い出したのが徳川夢声《むせい》さんが生前のこと、ですからずいぶん昔になりますが、「お前さん、だんだん仏面《ほとけづら》になってきたね」といわれたことでした。

観音さまといい、仏さまといい、これはいったいどういうことなのかしら、とさすがに考えてしまいました。それはおそらく私の中に、赤ん坊のまま大人になったような部分があるからではないかと思うのです。

考えてみると八十三年の人生にはそれなりの苦労もあったのですが、私は苦労を苦労と感じない、深刻に落ち込まない性格なのですね。いま、性格と書きましたが、私の場合はたしかに生まれついての性分だと思うのです。

音楽学校時代にあんな貧乏暮らしをしたにもかかわらず、その苦労は全然身につきませんでした。私の前には、輝かしい目的があったからです。

胸に希望が燃えているときは、人間は、どんな逆境にも耐えられるものなのですね。

自分で働いてお金を稼ぐようになっても、経済音痴の私は、契約などのことでだまされたりしたこともありましたが、むしろ、若い貧しい人を見ると放っておけないように感じたものでした。

それは数え上げれば、人に裏切られたことも何度かはありました。しかし胸に手をあてて考えてみれば原因はいつも自分にあるのですね。世間知らずの私が悪かったのです。そのときはさすがに腹の煮えくりかえる思いをしましたが、いつまでも、そんな状態では自分がかわいそうです。私はすぐにそういう状態から立ち上がるのがとても上手なのです。

そうそう、この間九十五歳の方に、長寿の秘訣《ひけつ》はと伺いましたら、即座に、

「くよくよしない、いらいらしない、悔やまない、怒らない、悩まないことです」

といわれましたっけ。

老いのうれいは、孤独感からだといわれます。明るい心に孤独はよりつきません。

この方がいわれたことの中で唯ひとつ、私にできないのは、〝怒らない〟でしょうか。しかし、私の怒りは、どちらかといえば社会に向かってのいわば公憤です。石垣綾子《いしがきあやこ》先生によれば公憤は脳を刺激し、私憤は心をむしばむといいます。公憤は年を重ねたものの義務でもありましょう。おそらく、この方の〝怒らない〟は私的なことなのでしょうね。

あとの四つは、そのまま、私の生活信条ですから、これはもうまったく同感です。

§

そうそう、いま、思い出しました。かつてある占い師に見てもらったとき、「あなたは、他人に福をあげる人間です」といわれましたっけ。

ことさらに福をあげようというようなつもりはなくても、前に書いたように「先生とお会いしたことで人生が変わった」という明子さんのような方、「先生とお話ししてると、いつの間にか先生のパワーが私の中に移ってくるんです」という方、いまだに若い人たちからいわれるのも福ということでしょうか。それは同時に私の幸福でもあります。ありがたいことですね。

私は好き嫌いが烈《はげ》しいにもかかわらず、たいていは人に好意を持ち、信用してしまうことのほうが多いようです。人の困っている状態をみるとつい同情してしまいますし、若い頃はそれが裏目に出てだまされたり裏切られたこともよくあったのですが、しだいに人を見る目ができてからは、私が好意を持つ相手は私への好意も持っていてくださる、それが深まって楽しい人間関係ができていくのです。

老年になっても、心を拓《ひら》くということができれば、決して孤独感にさいなまれるようなことはないと思います。

ところで私の不快解決法です。不快な事件にあったとき私はこう考えるのです。ひと晩眠れば、きっと気分が変わるだろう。今夜はともかく寝てしまおうと、寝てしまうのです。〈風と共に去りぬ〉のスカーレット・オハラのようですね。「明日には明日の太陽が輝くのだ」といったところです。

私は「忘れ上手」「あきらめ上手」と自称しています。気分の悪いことはじきに忘れていい思い出だけが残るのです。

最近、あるアンケートで「ボケずに長生きするコツは?」という質問を受けたとき、私はためらいなく「物事を明るくとらえること。なんらかの形で働くこと。目標を持って生きること」と書きました。

ですから、私はストレスがたまらないのです。歌のことを考えるほかは、今日一日をせいぜい楽しくすごしたいと思うだけです。

人間の可能性はいくつになっても花開く

人間の可能性というものは、いくつになっても花開くものだ、いや、老いというのは、可能性を掘り起こすためにこそ与えられた人生の時期のことをいうのだというのが、最近の私の実感です。

「もうトシだから、何をやっても時間がないと思うのよ」

「いまさら、先が見えていて、やっても始まらないわ」

先日、ある会合で、自分の可能性を拓《ひら》くことこそ、人生八十年時代の生きがいのテーマであるという話題が出たとき、こんなことをいった方がいました。なんという怖れを知らぬ、もったいないことをいう人なのだろうと、私は思わず絶句し、まじまじとその方の顔を見てしまいました。

流行のペイズリー柄のシックなツーピースをまとった中年とおぼしきその人の表情には、一点の曇りもありません。彼女にとってこれからの人生は余生《よせい》とでもいうのでしょうか。

人生は実際に行動してみなければわからないものです。年を重ねれば重ねるほど、少しずつ少しずつ自分というものが見えてくる。時には、思いがけない自分に出会うこともある。その自分に挑戦する。——それが人生の愉しさ、生きがいではないかしら。

たった一回こっきりの人生です。思いっきり自己表現したいものではありませんか。

六十二年間、歌い続けてきた私ですが、その間には、何回かの岐路《きろ》がありました。最初はデビューのときでした。

真剣にクラシックの勉強に励んだ私が、流行歌手の道を歩み続け、いまもこうして歌い続けている、そのことを思うと、やっぱり運命というものを考えざるをえません。

私のデビューは、青山の日本青年館で歌った〈魔弾の射手〉のアリアでした。コロラチュアソプラノで、ただもう無我夢中でしたけれど、翌日の新聞に「十年に一度のソプラノ」と書かれていましたっけ。

「そのままクラシックの歌手として大成していたら、芸術家として尊敬されたかもしれませんね」

そんなことをいった方もいましたが、私は仮のことには興味がありませんからそんなことは考えたこともありません。

でも、大衆の中の歌手として、実にさまざまな歓び、苦しみ、悲しみを体験して、ここまで歌い続けてきた人生を思うと、やっぱりこれが〝淡谷のり子〟の歩むべき道だったという気がします。

デビューした私は次々と大学などのコンサートの依頼を受けて、クラシックの歌手として順調なスタートをきったのでした。

そのうちレコード会社から吹き込みの話がくるようになり、てっきりクラシックの仕事と思い込んで、胸をふくらませていくと、これが流行歌の吹き込みだったのです。クラシックの声量で、流行歌が歌えるものではありません。次々と不採用になると、かえってほっとしながら、また話があると出かけていったのは、生活のためということもありましたが、私の好奇心がジャズやシャンソンにも向かっていたからでした。

人生は何がチャンスになるかわかりません。あれは、私がモデルのアルバイトをしていたときのことです。ひいきにしてくださった画家の田口省吾《たぐちせいご》さんはアトリエにいつもシャンソンやジャズを流し、よくフランスの話を聞かせてくれたものでしたが、そんな経験がひとつの素地《そじ》になったのではないかと思うのです。そのときはクラシック一筋でしたから、いい曲だなと感じただけだったのですが、卒業後、ダンスホールへ出入りするようになると、再びジャズやシャンソンの魅力に惹かれるようになったのです。

その頃から、音楽の道は何もクラシックだけではないのではないか、親しみやすい大衆の音楽を低級と決めつけるのは、何か違っているのではないかな、という考えが、心の中に芽生えていったようでした。

そのうち、ポリドールのテストを受けることになったのですが、声が大きすぎるからといってマイクを一間（一・八メートル）も離して歌わされる始末。このとき歌ったのが〈黒百合の花〉。初めて吹き込みをしたのが、井田一郎さん作曲の〈夜の東京〉という和製ジャズだったのです。

しかし、バンドに合わせて歌い出しのきっかけがつかめません。「それで音楽学校出た歌い手か！」とディレクターに叱られ、「こんなつまらない曲、音楽学校じゃ教えません！」と言い返して、みんなをびっくりさせたものです。

この曲は、ポリドールの重役連中はみんな反対だったのに、ドイツ人の録音技師が、「この人の声は珍しいから、絶対採用すべきだ」と頑張ってくれたのだそうです。

ですから、私の流行歌を最初に認めてくれたのは外国人だったわけです。この方は、ポリドールへ入ってからいろんなことを教えてくれて、ずいぶん助けられました。

こうして流行歌のレコードが出るようになったのですが、若い私は、それでも、レコードは私の余技《よぎ》で、あくまでもクラシックが本道と思い決め、卒業後の一、二年間は二本立てで欲張り通したのでした。

いま流にいえば〝突っぱり〟というのでしょうね。この〝突っぱり〟精神はいまでも私の中にありますが……。

§

ともあれ、その頃、流行歌は、一種さげすみの目で見られていましたが、私自身も流行歌を歌いながら、心の中では何かもの足りなさを感じていました。それだけに、せっかく歌うのだから、もっと魅力あるものにならないものかと持ち前の挑戦精神が頭をもたげ、ジャズやシャンソン、タンゴを手さぐりで勉強し始めたのです。

当時、赤坂の溜池《ためいけ》に「フロリダ」というダンスホールがありました。そこが私の独学の場になりました。フロリダのジャズバンドの演奏を聴いて体で覚える。そしてうちに帰るとレコードで歌い方をマスターする、という日が続きました。

そして、初めて人前で歌ったジャズナンバーが〈セントルイス・ブルース〉。日本人の女性歌手でジャズを歌ったのは、私が初めてでした。

シャンソンをどうしても歌いたくなったのは、たまたまルシェンヌ・ボワイエの〈パルレ・モワ・ダムール（聞かせてよ、愛の言葉を）〉を聴いたのがきっかけでした。あのときの感動をどう表現すればよいのでしょう。それは、いまだ経験したことのない深い感動でした。これこそ、魂の音楽だ！　いのちの叫びだ！　私は、涙の流れるにまかせながら心の底から叫びました。

歌いたいと思ったら、もういても立ってもいられません。「フロリダ」で演奏していたフランス人のバンドのマスター、モーリス・デュフルに頼み込んで、早速シャンソンを教えてもらったのです。シャンソンの心がしだいに私の血となった頃、いつの間にか自然に、彼のバンドの演奏で歌うようになっていました。

タンゴも同様。クラシックの基礎を応用して、自分流に解釈し、歌い方を工夫しながら、貪欲《どんよく》に身につけていったのです。

いまこそ流行歌もジャズもシャンソンもこんなにさかんですけれど、その頃は日本人でやろうとする人はいなかったのです。こんなことを言うと自慢めいていていやですけれど、私が先鞭《せんべん》をつけたという自負は持っています。

その頃、クラシックから流行歌手になっていらっしゃったのが佐藤千夜子《ちやこ》さんでした。彼女こそが女性流行歌手の第一号、そして、私が第二号。クラシック界から流行歌手になったことで、ずいぶん非難もされ、風当たりも強かったのですが、私のあと、音楽学校出の人たちが、どんどん流行歌手の世界に入ってくるようになったのです。

けれど、クラシックと流行歌の二本立てがいつまでも続くものではありません。本質的に全然違うものなのですから。どちらかを徹底的にあきらめなければならないときがくる……、そう思っていたときにきたのが、浅草の電気館のアトラクションに出演しないかという話でした。

クラシックの歌手が、浅草のステージに立つなんて、それこそ堕落《だらく》の極みと思われた時代です。私は一週間悩みに悩み、考えに考えました。誰にも相談せずに。久保田先生の反対はわかりきっていましたし、母も賛成はしないでしょうし。

そして結局、私は流行歌手の道を採ったのです。あえて浅草の舞台に立つことで、クラシックと訣別《けつべつ》したのです。

久保田先生と母の期待を裏切ることは実につらく、申しわけなかったのですが。久保田先生は「もう、あの子の顔も見たくない」と怒りにふるえながらおっしゃったと聞きました。

私の名前は東洋音楽学校の卒業生名簿から削除され、「遊芸稼ぎ人、八等技芸士」という鑑札を役所から持たされました。門《かど》づけの芸人と同じ扱いです。

なんと言われようと、自分が選びとった道です。その道を私はひたすら歩み続けることになりました。

いま、はやりの言葉でいえば、私はクラシックのはみ出しっ子になったわけです。

それは親しい人たちの誰からも祝福されない道でしたが、私にとっては自分自身の気持ちのおもむくままに惹かれ挑んでいったところに見つけた流行歌の世界です。その新たな可能性を選びとった以上、誰を師とすることもなく、自分一人で拓き育てていかなければならない厳しい道でした。

——そして第二の岐路が戦争中の統制時代。このときは、私は軍部に抵抗しても、自分の歌を自分のスタイルで歌い通しました。

戦後の混乱をくぐり抜け、世の中が落ち着いた頃、私の歌うことによって得た人生体験を買ってくれた方がいて、私はラジオの身上相談に挑戦しました。そこでもたくさんの人生を学びました。そして地方の旅公演に出るようになった十年ほど前から、私は、自分の世界がまた大きくひろがったように感じています。

人生はいつでも挑戦です。可能性はあなたを待っているのです。

続ければ続けるほど新しい発見がある

私は過去を振り返ることが好きではありません。過去は思い出のためにあるもの。それは甘美ではあっても、人は、過去のために生きることはできません。

私は、いつもいつも前に向かって今日を歩いてきました。希望に向かって歩いてきました。今日、一生懸命歩けば必ず明日がきます。そう新しい明日が……。

一日一日の積み重ねが人生なのです。私は、朝ごとに今日もこうしてさわやかに目覚め、元気に仕事のできる幸せを見えないものに向かって手を合わせ感謝します。

一日一日歩いてきて、そうです、今年は歌手になって六十二年になりました。歌い続け、仕事をし続けることができたことの幸運、それというのも、歌というもののもつ深い魅力に支えられての一筋道でした。

私にとって、人生は、歌うことの一点に凝縮されていたとは、これは運命としかいいようがありません。

その運命の絆《きずな》に導かれてもっと上手に歌いたい、もっとよい歌にしたい、とそればかりを考え、ある限りの生命を燃焼させてきたように思います。

その気持ちは八十三歳を迎えたいまもまったく変わりません。いえ、ますます強くなってきています。

六十二年といえば、若い人にとっては気の遠くなるような歳月《さいげつ》でしょうが、私にとっては、歳月の刻んだどのあしあとも〝ついこの間〟のことのようにしか感じられないのはどういうわけでしょうか。〝人生は一瞬のこと〟という思いがしきりにします。

歌に関する限り、困難や苦労はむしろ、私を生き生きと高揚《こうよう》させてくれる人生の活性剤《かっせいざい》といえましょうか。私は難題を克服しようとして日に夜をついでたたかいます。そして閉ざされた道の拓かれたときの喜び……。歌は私の生命であり、生活であり、人生そのものなのです。

人生には、そんなに、たくさんのことができるほどの時間は与えられていないように思えるのです。私にはひとつのこと、歌うことが神さまから与えられた人生の贈り物なのだと気づいたのは、そうです。あれは、敗戦後の荒れはてた世相《せそう》の中ででした。私がようよう四十歳をすぎた頃です。

戦後の混乱の中で、私は自分自身に問うたのです。「お前は、本当に歌手を続けるのか」と。そして決心したのです。好きで入った道ではないけれど、歌という表現を通して生きていこうと。歌こそ、自分と人々を結ぶ架け橋であると。

「努力することは才能である」ということの意味を胸の中に深くたたき込んだのでした。人間は、ひとつことを続けることによって、昨日より今日、今日より明日と少しずつ積み重ねが厚みを増し、磨かれ、知恵がついていくのですね。

私が、渋谷ジァン・ジァンという小さな劇場で恒例のライブをするようになって十年がたちました。今夜は、ちょっと小雨もようでしたが、お客さまはいつものように満員。ピアノはコンビで私を支えてくれる松波常雄さん。オープニングは、私のテーマソングにしている〈雨のブルース〉。次いで〈夜が好きなの〉〈夜のプラットホーム〉など日本の曲をまず五曲くらい歌いました。

松波さんのピアノもいつものように、とても弾《はず》んでいます。ときにメランコリックに、ときにおだやかに……。それはうっとりするような響きです。

私は自分が歌そのものになって歌います。素直に、決してたくまずに……。今夜は、歌と私の気がぴったりと一致している感じがします。私はまるで無心の境地で歌に自分のすべてをあずけた感じで歌います。

§

ほの暗い客席のお客さまたち、百三十席ほどの小さな劇場ですからその満員のお客さまたちの一人一人に、歌の心が響いていくのが、じかに感じられます。

歌と歌の合い間のおしゃべりは内海突破《うつみとっぱ》さんのお弟子のカッパちゃんです。

「いつも舞台で死にたいといっている淡谷さんは、ある霊能者から百九歳まで生きるといわれて、それじゃ舞台で死ぬ練習を何十年も続けなきゃならないと悲鳴をあげているんです」

カッパちゃんのユーモアが客席を明るい笑いの渦に包みます。

このカッパちゃんの話は本当の話なんです。一昨年、コンサートで行った沖縄で、たまたま遇《あ》った霊能者の宣言なのです。そのとき、私は、

「お願いだから、そんなに長生きできないようにしてくださいよ！」

思わず叫んでしまったものですが。百九歳は、ちょっと長いですよね。

§

さて、そのあとは趣向をかえて、軽やかに心躍らせるタンゴ、〈ラ・クンパルシータ〉など。続いて〈パリの屋根の下〉〈バラ色の人生〉〈枯葉〉〈愛の讃歌〉などおなじみのシャンソン。そしてアンコールには五輪真弓さん作詞作曲の〈恋人よ〉とシャンソン〈パルレ・モワ・ダムール〉でしめくくりました。

渋谷ジァン・ジァンのライブは二か月に一回の、私にとっては大切な大切な、そして愉しみな舞台なのです。ライブハウスなだけに、舞台と客席が一体になって、そこには歌を通して心と心、魂と魂の交流が生まれるのです。

全十五曲を歌い終えると、じいっと聴き入ってくれていた会場いっぱいに、あふれる拍手が湧き上がります。心と心の響き合いを感ずるうれしい瞬間です。

そして、楽屋に戻った私を待ってくれている花束と握手。ジァン・ジァンのお客さまは、私の歌をなつかしむ年配の女性たちのほかに、若い人たちがだんだんふえてきました。お客さまの舞台に注ぐ熱い眼差《まなざ》しは、私の心を燃やす応援の旗なのです。とくに若い人たちが歌を通して人生を知ろうという心に出会うと、私の握手に力がこもります。

衣裳は今夜はレースをあしらった真っ白なサテンのドレス。私の大好きなドレスです。歌としっくりなじんで舞台を盛り上げてくれました。燃えるような真紅のドレス、そしてときには、淡いすみれ色にピンクやうす茶やグリーンの花柄のドレスと、舞台に合わせて効果を考えるのは、楽しい仕事のひとつです。ドレスは舞台の雰囲気を盛り上げる大切な要素です。着るものへの配慮は若い頃よりも年齢を重ねるごとに深まってきたように思います。ドレスは表現の大切な一部ですもの。

若い頃は、黒のドレスが好きでした。黒いドレスで歌うとき、ちょっとメランコリックでミステリアスなムードが盛り上がるのです。

髪が白くなってからは、どちらかといえば、やわらかい色のドレスが多くなりました。考えてみると、白髪になってからのほうが、さまざまな色や柄の冒険ができるようになったような気がします。それだけ、ドレスの愉しみの幅が広がったというわけです。おもしろい発見です。

これは舞台の衣裳に限りません。ふだんのおしゃれも以前より自由な感覚を愉しめるようになりました。ちょっと大胆な花柄や抽象柄などを着ると、心も浮き立ってきます。

話がそれましたが、とくに、二か月に一度のジァン・ジァンのステージは、バックを黒に落とした思い切った照明で、しかも小さな場内を狭く感じさせないような演出なだけに、ドレスもときには、思い切って大胆なものに挑戦したりするのです。

ところで、このステージですが、実は、十年前、初めてジァン・ジァンで歌うことになったとき、あまり気がすすまなかったのです。こんな小さなところで歌うなんて……。アラが見えすぎるんじゃないかしらと戸惑ったのです。ちょっと怖い感じもしました。それまで大きなステージでばかり歌っていましたから。

ところが思惑と実際とは大違い。お客さまと間近に話ができる、歌の反応もすぐ返ってくる。初めての夜、歌いながら、私の胸には、何か、あたたかい喜びがいっぱいに広がってきました。――いままでとは違った舞台効果が生まれたのです。それにお客さまのマナーがとてもいいのです。

大きな劇場では、間奏と間奏の間に拍手されて歌い出しに困ったり、前のほうの客席でヘンなリズムをとられたりすると、私はピアノひとつで歌いますから、リズムが狂ってしまうことがあるのです。ましてや耳ざわりなおしゃべりはみんなの迷惑ですから、舞台から注意することさえありました。ジァン・ジァンには、本当に私の歌を好きな方が来てくださるのです。

音楽は歌う人と聴く人が音を通して楽しみをともにする芸術です。その夜から、私はこのコンサートが楽しみになりました。

いくつになっても人生には愉しい発見があるのですね。六十二年歌い続けても、八十三歳になっても新しい発見や思ってもみなかった出会いがそれこそ毎日のようにあるのです。

それというのも、現役で仕事を続けているおかげです。歌っていてよかった。歌い続けていてよかった、といっそう思いを深くしている私です。

勉強は一生もの、これでいいと思ったら行き止まり

もう少し上手に歌えなかったものかなあ。あの歌い方でよかったのかなあ。

幕が下りて、楽屋に引きながら、いつも私の思いはいまのステージに引き戻されます。歌い終わってほっとするということがないのです。それは若い頃からずっと同じ。この点では、私は少しも進歩しません。母からは「あなたは欲張りよ」といわれたものですが。そんな私をひとさまは、「いつも上昇志向なんですね」などとおっしゃってくださいますが、違うのです。それならよいのですが、ただ、ただ、自分が自分の下手さ加減に耐えられないだけなのです。

それでいて、私には歌しかないという思いにしがみつき、その歌をよくしようと悩むのですから、よくよく歌のとりこなのでしょうね。

といって、私は歌うことが大好きというのではありません。むしろ好みからいえば嫌いといっていいでしょう。嫌いでも、自分の選んだ道だから、それが私の人生だから、私は大切にしたいのです。歌はイコール私、淡谷のり子なのですもの。

歌は、少しでも、勉強を怠ると、途端に裏切ります。気を許したら終わりなのです。それに勉強に限界はありません。もっともっと勉強したい、というのがいまの私のいちばんの願いです。新しい曲を歌うときはもちろんですし、いままで歌ってきた歌だって満足なわけではないし、教則本のお稽古《けいこ》もしたい。

お稽古といえば、私がいまでもレッスンをしてほしい先生は東洋音楽学校時代の恩師久保田稲子先生です。

私が歌というものの厳しさ、深さに目を開かれたのは久保田先生のお教えによってでした。こうしていまも歌うことのできるのは久保田先生のおかげですし、先生の厳しい目を私はいつも感じて生きてきました。

いまも久保田先生とは、電話でときどきお話しするのですが、先生は、いつもいつも励ましてくださいます。しかし、レッスンとなると、先生はいまご主人の看病に専心していらっしゃいますので、ご無理なのがとても残念です。いつの電話も「残念ねえ、またお稽古いっしょにしたいわね」という言葉で終わるのです。

久保田先生は私より六歳年上の八十九歳、六十五年来の師弟。八十九歳の先生と八十三歳の弟子がこんな会話を交わしているのですから、長く生きられるということはありがたいことです。

いくつになっても師は師、弟子は弟子です。こういう会話をしているときは、学生だった頃の気分とまったく同じ。勉強への一念で私の輝くときなのです。

私にクラシックの基礎をびっしりとたたき込んでくださった久保田先生の指導の厳しさといったら、それはもう、筆舌《ひつぜつ》につくしがたいものでした。

思えば、先生と私との出会いも運命的でした。十六歳のとき、母と妹と三人で青森から上京した私は母の強い希望で東洋音楽学校に入ったのですが、東洋音楽学校の学費を稼ぐために休学してモデルのアルバイトをしました。先生と出会ったのは、そのアルバイトのあと、復学したときでした。

音楽学校に戻ることをただ一心にめざしてのモデル生活でしたから、復学したときの私の熱情と努力といったら、自分で言うのもおかしいかもしれませんが、それは、誰もかなうまいと思うほどでした。

しかし、精一杯に歌い、自分なりに満足できたと思えるときでも、先生の鋭い言葉がとんできます。

「なに、それ！　それでも歌なの？」

叱られてばっかりです。目の前が真っ暗になるほどその言葉は、厳しく胸につきささります。歌とはなんとむずかしいものだろう、苦しいものだろうと思いました。

それでも若い未熟な魂が、砕けることとなく、久保田先生のレッスンに耐えたのは、先生の卓技《たくばつ》な伎倆《ぎりよう》とあたたかなお人柄に惹かれたからでした。その魅力はしだいに深い信頼へと強まっていきました。

久保田先生は、世界的に有名なドイツの声楽家で、弟子をとらないことでも知られていたリリー・レーマンの直弟子として学び、帰国されたばかりでした。まさに輝く新進声楽家という表現がピッタリの若さと才能のあふれるスター的な存在でした。

先生は復学した弟子のために、午前九時から始まる正規の授業前の一時間と、放課後の一時間を個人レッスンにあててくださったのです。

その発声練習の厳しさといったら！　大変なものでした。「それで、歌、勉強しようと思うの？」容赦《ようしや》なく叱責の声がとんできます。

それでも歯を食いしばっての必死の努力で、ついに私は三オクターブの音域を自由に発声できるようになりました。いまでも私はリハーサルのときより本番のほうがよくなり、本番も最後になればなるほど声がのびてよくなるのですが、それというのもこうした訓練の賜物《たまもの》なのです。

§

歌は地声《じごえ》で歌うものではないのです。そのために発声の練習をするのです。基礎の訓練をしないで咽喉声で歌うと、歌うほど声が疲れて汚くなっていきます。

私は四年間に十四冊の教則本をあげましたが、それで自信をもつことができ、その基礎をしっかりつくったということが、その後の私の支えになったのです。

私をなんとか一流の声楽家にしようという先生の熱意に満ちた叱咤《しった》と温情に育てられるようにして、私は首席で卒業の日を迎えることができました。

卒業記念演奏会でブラームスの〈永遠の愛〉と〈五月の夜〉を歌ったとき、先生の厳しいお顔に初めてやさしい微笑が浮かびました。

「のり子さん、きょうはよく歌えたわね」

そうして、続けてこうおっしゃったことば。そのことばが私の人生を決めたのです。

「あなたは、歌といっしょに死んでいくのね」

私は、そのことばをしっかりと幼い胸にたたき込みました。先生は生涯を歌に賭けることになるであろう私の熱情を感じとって、励ましてくださったのです。

「歌といっしょに死んでいくのね」――先生のそのことばはいつも、どんなときも私の心を離れることがありません。あのときからずっと私の心に生き続けています。

久保田先生は厳しいばかりの方ではありません。とてもあたたかな方でもありました。私がモデルで稼いだといっても、母娘三人の貧乏暮らしは相変わらずでしたから、私は電車賃を浮かせるために昼食を抜いていました。発声練習の最中に空《す》きっ腹がグーッとなるのもしばしばでした。若い娘にとってはなんとも恥ずかしいことです。

あれは、いつのことだったでしょう。ある日、先生は帰り道になにげなく私を誘って、いっしょの電車に乗られました。車中、歌についていろいろアドバイスしてくださいましたが、新宿に着くと先生は、さっさと下りました。そして連れて行かれたのが新宿のタカノです。

「のり子さんは何がお好き?」

先生のご馳走してくださったカツライスとホットチョコレートのおいしさは六十年以上たったいまでも忘れられません。真の意味でそのカツライスは私の人生の最良の滋養《じよう》になったのです。

先生は私がカツライスを食べ終わると、

「私は用事があるからお先に失礼するわ」

と立ち上がると、私の耳もとにそっと顔を近づけておっしゃいました。

「貧乏に負けちゃダメよ」

そして私の手に一円札を握らせて帰って行かれました。

私は自分の体験から歌の話しかできませんが、何をするにしても基礎が大切なのではないでしょうか。

絵だって〝デッサン一万枚〟といいますね。それだけの基礎訓練がなければ、本当にいい絵を描き続けていくことはできない、と。

そうはいっても、時代が違うのよ、と若い人たちは笑うでしょうか。それでも、私はあえていいましょう。

ニセものや一見華やかなうそものが横行《おうこう》する世の中であっても、そのことに目覚めて、努力する人だけが本ものになれるということを、心得てほしいと。

勉強は一生ものです。これでいいと思ったら、それで行き止まり、おしまいです。

社会とかかわりをもつことが若さの秘訣

この道六十二年。歌の世界を歩いてきて、仕事というものが与えてくれるものの大きさに、私は、いまさらのように目を見はる思いがします。

仕事を通して私たちは社会とのかかわりをもつことができるのです。同時に仕事は人々を通して、私たちを育て、磨き、支えてくれるのですね。仕事はさまざまな人生の出会いを与えてくれました。

もし、私に仕事がなかったら、などということは、考えられもしません。それは、私がいなかったら、ということと同じことですもの。

私たちは、仕事があるから、人と交わり、社会と交わることができるのです。そこから思いがけない喜びや愉しみを発見できるのです。

日本には昔から老齢者の理想の生活を〝悠々自適《ゆうゆうじてき》〟とか〝楽隠居《らくいんきょ》〟などと表現する習わしがありましたが、私はこんなことばを何の疑問ももたずに口にする人に会うと、とたんに拒絶反応が起こります。

それは、仕事というものを単なるお金稼ぎの労働とみなす考えから生まれたものなのでしょうね。長い間働いてきたから、老後は、その貯金でのんびり暮らしましょう、ということなのでしょうね。

しかし、私は、こうした考えが大嫌いです。人間はいくつになっても、仕事をし、社会とかかわってこそ、生き生きと生きられると信じているからです。

社会とかかわることによって私たちはたくさんの刺激を得るのです。それが、私たちの心を、そして細胞を活性化させてくれるのです。老いて一人で生きられるほど、人間は強くないのではないでしょうか。

実際、独り暮らしを長く続けると、会話ができなくなるといいます。ことばの数も減少すると聞きます。ということは、精神も働かなくなるということでしょう。

〝小人閑居《しょうじんかんきょ》して不善《ふぜん》を為《な》す〟というではありませんか。

とにかく、家の中に閉じこもっていてはいけません。

何らかの社会との積極的なかかわりをもつことが、老いて生き生きと生きる秘訣ではないでしょうか。

老いてこそ花であるためには、心が怠けていてはダメ

ところで、あなたは人生八十年時代のプランをどうお考えでしょうか。私はこんなふうに考えています。

二十代三十代は勉強の時代、四十代五十代は挑戦の時代、そして六十代から八十代にかけて、それまでに積み重ねたものを開花させるのが、人生八十年時代の贈り物であると。

人生とは、まさに絶えざる未知への挑戦の連続であり、どんなに年を重ねても、もう、これでいい、ということはありません。その奥深い人生を四十や五十で知り尽くすなんてとてもできるものではありません。いくつになっても、知らざることが次々に出てきます。人生とは限りなく奥深く、極め尽くすことのないものなのですね。

それでも一歩一歩歩いていればなんとか、その人らしい生き方、その人らしい花を咲かせることができるのは、六十をすぎてからであるとは、私も歌の道を歩いて八十三歳を迎えたいま、つくづく感じることなのです。

といって、一生懸命に歩いている人間にとって、年齢など、いちいち気にしているヒマは

ありません。いつも、心は前向きに燃えていますもの。

私も自分の年齢を意識したことはありませんでした。ですから、年をとることを恐れませんでした。もちろん考えてみれば、いままでにいろいろな老化現象を自分の体に持ってきたのですが、そのことと自分の年齢とを結びつけたことはありません。現役で生きているという心の張りがはねつけてくれていたのかもしれません。

年齢を意識したのは、あれは、八十歳を迎えたときでした。そうか、人生八十年時代といわれるけれど、あらあら、私もその八十になっちゃった、とまあ、そんな気づき方でした。新聞の字が小さくなって、手が少しふるえるような感じがしたこともありました。しかし、そのことは例のごとくあまり気にしませんでした。私は得な性分に生まれついたおかげで、物事をあまり深刻に考えませんし、いま目にも耳にもほとんど不自由がないのは、恵まれたことだと思っています。

年齢はむしろ誇りにして、前向きに生きてこその人生八十年です。同時に世間にも老いた人に対する偏見をとり払う責任があると思うのです。

最近、ある友人がこんなことを教えてくれました。

「老人というとアタマが古くて、することなすことのろまで、不精《ぶしょう》でなんとなく汚らしいというような悪いイメージが固定しているんですね。それで若い人は老人を嫌う。スイスの高名な評論家がこんなことをいっているんですね。「老人問題の本質的な問題は、老人は愛されていないというところにある。彼らは自分が愛されていないと感じている。そして老人に無関心で、触れ合おうとしない人が多すぎる」って。私も考えさせられました。老いに対する見方、考え方を変えなければばって……」

私もなるほどと思いました。そんなイメージが固定していて、自分をそのイメージにダブラセたら、誰だって老人にはなりたくありません。自分は誰にも愛されていない、誰にも必要とされていないと思ったら、老後の人生のなんと不毛なことでしょうか。

そういう固定したイメージを吹っ飛ばすのが、これからの老い方だと思うのです。人類がこれだけ長寿を保つようになったのは、歴史上初めてのことなのですから、その幸せな生き方のお手本を示さなければならないのが私たちです。

§

人間は誰だって、いやおうなく老人になるのですから、自然体《しぜんたい》で受け入れたらいい、こだわらなければいいと私は思うのです。〝私〟は他の何人《なにびと》でもない〝私〟なのです。私が若いと思えば私は若いのです。そうして〝私〟の人生を創り出していけばいいのです。

体力は若い人にかなわないのは当然ですが、六十歳は精神の最高という前にふれたデータを思い出してください。

若さはプラスであり、老いはマイナスであるという概念《がいねん》を捨てようではありませんか。年配者が培った忍耐心、気力、体験の重さ、深さ。そういう年齢のもつプラス面に自信をもてば年齢は自慢にこそなれ、心を閉ざすなんの要素にもなりません。

私は歌うことを通して、人生を学び、心を鍛《きた》え、心を磨《みが》いてきたという誇りをもっていますが、その道の深さは限りがありません。死ぬまでがたたかいだと思っています。若い頃から自分の仕事を貫いてきた人なら、きっと同じだろうと思います。打ち込めば打ち込むほど、新しい発見があるのです。自分の可能性が見つかるのです。六十歳からこそ本当の意味の青春なのかもしれません。

目標をもつ人の目は生き生きと輝いています。そして、満たされた心をもつ人は、人に対してもゆとりとやさしさをもちます。そこはかとない彩りが、華やぎが感じられます。

いくつになっても洗練された美しいものを観たり聞いたりすることによって、知性を高め感性を磨いていきたいものです。

いま、日本ほど贅沢な国はないと私は思うのですが、世界各国から一流の音楽家やバレエ団が公演にやってきます。私は音楽学校の頃、帝劇で初来日のアンナ・パブロワの〈白鳥の湖〉を観て、その美しさに眠れないほど興奮し、一時バレエを習ったものです。これは気管支にくる影響がいけないというので、やめさせられましたが、いまは誰でも、いつでも観られるほどに、世界の一流芸術家たちがこぞって作品を上演しています。

絵といったら、これまたどこかのデパートやギャラリーで、いままであまり一般には知られなかったユニークな画家の個展も多くなって、まさに花盛りという状況です。

日本古来の文化である歌舞伎やお能や文楽《ぶんらく》も、もっと大切にして鑑賞されなければいけないでしょう。

自分が絵筆をとったり、楽器を習ったり、俳句を詠んだり、愉しみを見つけようと思えばいつでもできる状況にあります。

そのように年を重ねるなら、さらにみずみずしく感性を磨くことができます。決して枯れるなどということはないでしょう。心を怠惰にせず、いつも何かに向かって生きていくところにこそ美しい花は咲くのです。

〝心の勉強〟を忘れていると、鈍感さが顔に表れてきます

この八月十二日で、私も八十五歳になります。明治生まれのものですから、年齢は「満」より「数え」でいくクセがついていて、一九九二年のお正月を迎えて以来、年を聞かれると、なんとなく「八十五歳です」と答えていましたが、八月十二日の誕生日には正真正銘《しようしんしようめい》の八十五歳になります。歌手になってからの年を数えても、ざっと六十四年。若い人にとっては、この六十四年だって、気の遠くなるような年月でしょうね。

最近は、ちょっと足が弱って長い時間立っているのがつらくなってきました。また、記憶力も悪くなってきて、さっきのことをすぐ忘れてしまうこともありますが、まだまだ、弱ったりぼけたりしてはいられません。なんといっても、私はまだ現役の歌手なんですから。二か月に一回開くコンサートでは二十曲ぐらい歌いますし、新しい曲だって覚えなくてはいけません。テレビ局は、私に昔の歌ばかり歌わせようとしますが、〝ナツメロ歌手〟なんて呼ばれるのは大嫌い。現役の歌手に対して、ずいぶん失礼な言葉ではありませんか。

このあいだも、新曲をレコーディングしたばかりです。そのタイトルが、なんと〈抱い

て〉。歌詞も、「抱いて　抱いて　抱いて」と、こうくるんです。この年になって、「抱いて抱いて　抱いて」と歌うのは、さすがの私もいささか気恥ずかしかったのですが、とてもいい歌なので、私もせいいっぱい感情をこめて歌いました。作詞が岡本おさみさんで、作曲は鈴木キサブローさんと、いい仕事をしている売れっ子の方たち。その方たちが、私のためにこの歌をつくってくれたのです。

昔から、男だか女だかわからないようなおばあちゃんにだけはなりたくない、自分が女であることをぜったいに忘れたくないと願って生きてきた私にとって、まだまだ女として認めてもらえるんだな、と。

しかも、これからも毎年、新しい曲を作っていこうという話もあるんです。おそらく、世界広しといえども、八十五歳にもなって、新曲をレコーディングする歌手は、そう数はいないでしょうね。もしかしたら、私が新記録かもしれません。そうなったら、この記録をいくつまで伸ばしていけるか、私も愉しみです。

そんな私から見て、とても不思議なことがあります。テレビの歌番組のリハーサルのとき、私の番が終わってほかの人のを聞いていると、本人以外の人が歌っていることがあるんです。売れっ子の歌手だから、リハーサルに間に合わなかったのかしら、それにしても、きちんとリハーサルすることもできないなんて、そんなスケジュールを組むマネージャーが悪い、と私はすぐこう考えます。本番で、お客様にいい歌を聞いてもらうためには、リハーサルは本当に大事なのです。

ところが、気がつくと、いないはずの当人がちゃんといるんです。マネージャーかなにかに自分のかわりに歌わせて、自分は横でブスッとした顔をしたりしている。

最初は、何か事情があるのかなと思っていましたが、そんな場面に何回もぶつかったので、テレビ局の人に「どうして、あの歌手、リハーサルで歌わないの」と聞いてみたところ、返ってきた答えには、本当に驚きましたね。

「リハーサルで歌ってしまうと、本番で声が出なくなってしまうから、代役に歌わせているんです」

§

一回歌っただけで、もう声が出なくなるなんて、そんな人が歌手といえるんでしょうか。自慢じゃありませんが、私はいまでも、コンサートで二十曲歌うなら、リハーサルでも全曲歌います。リハーサルで十分に歌うことで、のどの調子もよくなって、本番に臨むことができるんです。

それが、たった三分か五分くらいの歌を一回か二回歌うだけで、もう声が出なくなるようなのどをしている歌手なんて。たしかに、カラオケで歌う素人の人のほうが、ずっとうまいという歌手もいますね。こんなのは、みんなカシュではなく、カスです。

おそらく、歌の基礎も何も勉強してなく、たまたま歌った一曲がヒットしたりすると、まわりがちやほやしますから、もういっぱしの歌手になったつもりになってしまうのでしょう。歌がヘタでも、最近は録音技術が発達していますから、レコーディングのときは、いいところだけつなぎあわせたりしてボロ隠しもできるし、声が出なくても、いいマイクがありますから、ステージもなんとかごまかせる。まあ、最近は、客席もキャアキャア騒いでいるだけで、歌なんてほとんど聞いていませんから、それでもいいんでしょうが。

そんなふうだから、カスたちは、ますます歌の勉強をしなくなるんでしょう。でも、それでは、長く歌い続けるなんて、とうてい無理でしょうね。人気歌手が、のどの調子が悪いのでコンサートなどをキャンセルするという、プロにあるまじきことを平気でするのも、ふだんの勉強不足以外のなにものでもない、と私は思います。だから、何年歌っていても、ヘタなカスのまま。何曲かヒットさせても、若さや可愛らしさがなくなったら、それでおしまい。つぎのカスにとって代わられ、捨てられるだけですから、哀れなものです。

私がこんなことを言うのも、最近の若い歌手に腹を立てているというより、このカスたちに代表されるように、〝勉強〟を軽視する風潮が世間一般に蔓延《まんえん》していることが心配でならないからです。歌に限らず、何をするにしても、〝勉強〟の大切さを私は身にしみて感じています。

私自身についていえば、歌のほうは、音楽学校でクラシックの歌手になるための勉強をしていましたから、基礎はある程度はできていたと思います。それでも、歌謡曲の歌手になったときは本当に困りましたね。クラシックと歌謡曲では、歌い方がまったく違うのですから。ですから、歌謡曲の歌手になってからも、毎日が歌の勉強でした。

いまでも、毎日とはいきませんが、歌の勉強はしています。勉強していないと、歌の能力も落ちてしまうからです。とくに、新しい歌に取り組むときは、大変です。

たとえば、五輪真弓さんの〈恋人よ〉を私が歌うことになったとき。素晴らしい曲なのですが、じつにむずかしくて、なかなかうまく歌えません。妹にピアノで伴奏してもらっては、ずいぶん練習しましたよ。プロなんですから、ヘタな歌はお客様には聞かせられませんもの。でも、ステージではじめてこの曲を歌ったとき、涙を流しながら聴いてくださったお客様がいて、「ああ、勉強したかいがあった」と私もうれしく思ったものです。以来、〈恋人よ〉は、私のコンサートでは欠かせない一曲になりました。

ですから、八十五歳になっても現役の歌手として歌い続ける私を、まるで人間ばなれした〝怪物〟のように見る人がいるようですが、それもこれも、若い頃からずっと続けてきた

〝勉強〟のおかげだと思うのです。

〝勉強〟って、これだけ素晴らしいものを人間に与えてくれるのに、最近の人は、歌手に限らず、みんな勉強をほったらかしにしているように見えるのは、私には残念でなりません。とくに、若い女性に欠けているのが、〝心の勉強〟ではないでしょうか。

五快――快食快便快眠快笑快談

五快という言葉をご存じですか。快食快便快眠そして快笑快談のことです。この五つの快が健康のバロメーターなのです。これは私がお医者さんにうかがった受け売りですが、なるほど、とお思いになりませんか。

快食快便快眠の三つはよく聞きますが、快笑快談というのが、なんとも素晴らしいではありませんか。元気でないと私たちは快く笑うことも、快く人と話すこともできませんもの。これは、実感!! ですね。

まして私は職業柄、不快な表情などしていては、仕事になりません。快談、愉しく歌わなくては歌手でなくなります。

私がこうして現役で歌えるのも健康のおかげ。五快をすべてクリアーできていることに喜びを感じます。

快食というのは、おいしく愉しく食べることですね。私は、好き嫌いがまったくありません。とりわけ、おいしいものが大好き人間。

生家に海が近くていつも新鮮な魚が手に入りましたから、小さい頃はお魚で育ちました。古い家ですから、祖母が「四つ足はいけない」といって、牛肉はもちろん鶏肉も食べさせてもらえませんでした。

そんな育ちのせいか、牛肉をお惣菜《そうざい》にするという習慣がなく、外ではしゃぶしゃぶなどおいしくいただきますが、家ではほとんど肉は食べません。その代わり牛乳は大好きで、お水のようにグイグイ、冬でも冷たいまま飲んでいます。

それにくだものさえあればご機嫌で、妹はくだものを切らしたことがありません。それに野菜。キャベツとかトマトとか好きな野菜は、ひとさまよりよけいに食べているのではないでしょうか。

私も妹も納豆が好きで、私は納豆といくらをまぜて食べるのが大好きですが、これは故郷の味なのです。

と、こう並べてみて気がついたのですが、肉が控え目、牛乳、くだもの、野菜、植物性たんぱく質が好きというのは、あれあれ、これは、年寄り向きの健康食といえるではありませんか。

とくに牛乳はよく飲みます。外でひとさまが、コーヒー、紅茶にしようとおっしゃるときも、私は牛乳をお願いします。

朝食は和食で妹が用意してくれますが、わかめのみそ汁、酢のもの、ぬた、納豆といったところ。

それに長年にわたって、私がどうしても欠かせないのが梅干しで、たとえパン食のときでも、ほうじ茶で梅干しをいただきます。

梅干しは紀州の〈中田食品〉の梅干しをいただいています。これは赤坂のある料亭で味を知って、紀州から直接取り寄せています。

私は自分がいいと思うと、やたら人にすすめたい性分です。知人、友人の誰彼にわけてあげて、「淡谷さん、梅干しもうないんですよ」と催促されたり、まるで、〈中田食品〉の宣伝マンみたいです。梅干しも健康にいいのだそうで、けっこうなお話です。

§

私の凝り性は仕事だけではないらしく、食べ物も同じです。これと決めたら一筋、もう一つ長い間いただき続けているのが伊勢の〈老松園《ろうしょうえん》〉のお茶です。これはうちに見えるお客さまのどなたにも好評です。

このお茶は頂戴《ちょうだい》もので知ったのですが、一度、飲んだら、もうほかのお茶は飲めなくなってしまったのです。

いまはどこにも名店街があって、有名店のものを買える時代ですけれど、店が大きくなって支店がふえるほど、味が落ちるような気がしませんか。例外は〈虎屋《とらや》〉の羊羹《ようかん》で、あれは老舗の味を変わらず持ち続けていて大好きです。

つい最近、名物かどうか知りませんが、仙台のごま羊羹というのをいただいたのですが、なんともおいしい、香ばしいお味でした。

最近好みが変わったのでしょうか、間食はいつもおせんべい。それにごはんは一回の量は少なくなりましたが、何回もいただくようになりました。

ところが、私、やせたのです。ちょっと前まで六十三キロあったのが、八キロぐらい減りました。

どうしてやせたのかしらと考えてみたら、どうも鉄観音のせいらしい。別にやせようと思って飲んだのではないのですが、お医者さんに「もうやめなさい」ととめられました。ふってもやせても、私はそれにこだわらないほうで、ドレスはそれに合わせればよいくらいとしか考えていませんが、体力をなくしてはいけませんからやめました。

前にもいいましたように、私は生活音痴を宣言せざるをえないほど家事が苦手なのですが、それでもたったひとつ、まあまあ自慢できるのが料理の盛りつけ。器に合わせて美しく盛りつけていくのが愉しいのです。

当然、器をそろえることは好きで、センスのよい器を見つけると、ついふところを忘れて手が出てしまいます。

料理をつくる面倒な仕事は妹にしてもらって、盛りつけだけ愉しむなんて、虫がいいなあと自分でも思いますが、妹が大目に見てくれるのですから幸せです。これは、許していただきましょう。

健康な体を支えるのは健康な心

足では失敗した私ですが、こうして、私が元気で仕事をすることができるのは呼吸法のおかげではないかと思うのです。

と申しますのは、歌うことが、自然に呼吸法にかなっているということなのですね。

「腹式《ふくしき》呼吸は、ヨガや気功など、東洋の健康医学の根本理念なんですよ。淡谷さんの歌い方は、腹式呼吸の唄法ですから、それが自然に、健康を導いているのではありませんか」

といってくださったのは、東洋医学を研究し、ご自分でも、ヨガや気功や太極拳《たいきょくけん》をなさっておられるお医者さんです。

気がついてみれば、七十年にも及ぶ、歌の人生が、私の健康の秘訣であったとは、わが意を得たり、です。

私は音楽学校時代に徹底して発声法の訓練を受けました。そうそう、先生がよくおっしゃいましたっけ。「ここ（咽喉）に声帯があると思っちゃいけません。声帯は鼻の裏のほうにあると思いなさい」と。

「それでは鼻声になるんじゃありませんか」と反論する私に先生は、それで鼻声にしてはいけないのです、それができなくては発声とはいえないのです、とおっしゃいました。クラシックの唄法は各国違っていて、たとえばイタリー人は胸を使って歌い、お腹に力を入れるのです。

私が勉強をしてきたドイツ式の唄法ではこの腹式呼吸なのです。

普通、息を吸うとお腹がふくれますが、逆に息を吸うとき、お腹を引っ込める逆式といわれる腹式呼吸法です。腹圧をかけて息をとどめますから、肺にいっぱいの空気が入ります。それで吐くときはお腹をゆるめてふくらませながら、胸の空気をすっかり出しきるのです。

人間は普通深く吸ったり吐いたりという呼吸はしていませんが、私は長い間の習慣でふだんでも、意識しなくても、この呼吸をしています。お腹を引っ込めながらいっぱい肺に空気をためます。すると、自然とお腹がゆっくりとなってフーッと息を吐き出すと気持ちまでゆったりしてきます。

私がいうまでもありませんが、新鮮な空気が血液の中に入るということは、いわゆる血のめぐりがよくなること、酸素が体じゅうをめぐって細胞組織のすみずみまでゆきわたるということです。そのうえ、呼吸がゆっくりと長い人は命も長いといわれます。

§

ヨガには幾種類もの呼吸法があって、そのひとつが私のしている腹式呼吸と同じなのですが、ヨガの先生がおっしゃるには、深い呼吸は神経のバランスを回復させ、横かく膜の機能を高め、内臓の活動が活発になることで、便秘が治ったり、血圧が下がったり、もちろん、肌も美しくなるということです。

誰でも赤ちゃんの頃は腹式の呼吸をしているのですが、女性は思春期の頃から胸式の呼吸に変わるので、お腹を押さえつけられても苦しくなくなる、つまり妊娠に適するようになるという説があるといわれます。

私はちょうどその思春期に腹式呼吸をイヤというほど訓練したわけで、それが身についてしまったということが、幸せだったなと思います。

何々健康法、何々健康法と、いまは覚え切れないほどたくさんの健康法がありますが、結局、健康な体を支えるのは健康な心であると私は思うのです。

心が健康でなければ、体も動きません。では、心の健康はどうしたら得られるでしょうか。東洋医学では、それは、呼吸法によって得られるといわれています。ゆったりとした呼吸法は心を平静に保たせてくれます。しなやかな心としなやかな体をつくるこの腹式呼吸をぜひあなたも実行してみませんか。

骨がひどい老化をしていても、私が元気でいられるのは心が健康なおかげなのです。心が健康だから、気力が生まれるのです。

「健康は心と呼吸と体を動かすことから成り立つのですね。心にわだかまりを持たず、呼吸はゆったりと長く、体はその呼吸に合わせて静かにゆるやかに動かす。――私の師の楊名時先生はそれが太極拳の神髄《しんずい》であり、健康即幸福への道であると、おっしゃっています。動くことこそ生きること。私も幸せで美しい老いのために、毎日かかさず太極拳の稽古をしているんです」

長年太極拳の稽古をしている友人がこういって教えてくれました。

私も、たとえステージのない日も毎日、発声のお稽古をかかすことはありません。歌わなくなったら私の人生も終わりです。歌う限り、仕事を続ける限り、健康に生きられることに私は自信と誇りを感じています。

Chapter 5

私の遺言

——言い残しておきたいこと

私はモンペははかない、軍歌も歌わない

この昭和十三〜十四年頃になって、ようやく私は、歌手としては何とか自分の場所を得てきました。自分の楽団も編成し、出演料の最高はワン・ステージ楽団ともに五百円、月収は私だけで千円から二千円と、経済的にも十分潤うところまでやってこれました（貨幣価値は、今の一千倍以上あったように思います）。

こうして歌のうえでも、お金の面でも恵まれて、そのままいったら、鼻持ちならない人間になったかもしれませんが、そうは問屋《とんや》が卸《おろ》さないもので、私の「いい気」を抑えつけたのは「戦争」でした。

軍事色一色に国全体が塗り込められるという憂うつさは、経験しなければわかるはずもありませんが、明日から、英語はいっさい使ってはダメ（英語といっても英会話だけではなく外来語全般のことです）、おしゃれなど贅沢なことはダメ、といわれたら、今のあなた方は一日だって耐えられないのじゃないでしょうか。

質実剛健《しつじつごうけん》といえば聞こえはいいけれど、生活の中の夢やゆとりといったものをいっさいは

ぎとられるのです。ジャズなんか聞かなくても、きれいなドレスやアクセサリーなんか身につけなくても、おいしいお菓子を食べなくとも、人間の命に別条はない、といわれたらどうしますか？

まさに戦争中はそんな暗い時代でした。

男たちは国民服にゲートル、女はモンペ姿。

道を行くと、「ゼイタクは敵だ！」と、おぞましくなる字体で書かれたビラをつきつけられます。たしかに私の化粧は濃い、しかし、それがどうした！　という気分でした。

ある日、また銀座の資生堂で化粧品を買って表に出ると、中年の女の人がものも言わずにビラを鼻先につき出しました。

「わかりました」

いかにも国防婦人然としたその人は、私の大声にちょっと驚いたようでしたが、私はじっとその人の目を見返したまま、

「これは私の戦闘準備なの、ゼイタクなんかじゃありません」

と化粧した顔を、わざとその人の顔の前につき出していってやりました。そのまま歩き去ろうとする私を追いかけて、

「あれ、淡谷のり子よ」

と、憎々しげに吐きすてるようなその人の声が聞こえてくるのでした。

戦争が思うように早く勝てないのにヒステリックになった「軍」は、まるでその原因が、私たちのおしゃれにでもあるかのように、ハイヒールは非国民のはくものだ、エナメルが赤すぎる、黒いドレスはエロチックだ、とまるで下手な美容師のように、身のまわりの細部にわたって干渉しはじめました。

ゼイタクは敵だ、といっても、モンペをはいて、ボサボサ髪でステージに立って、〈巴里の屋根の下〉など歌えますか。

私は、その抑圧が高まれば高まるほど、ますます細く長く眉をひき、いよいよ濃く口紅を塗りたてました。

淡谷のり子は生意気だ、不謹慎だ、という非難が歌手の仲間からも聞かれるようになってきました。が、私はその人たちのように、手際よく軍国ムードに乗って、日の丸を張ったステージにモンペ姿で立ち、不動の姿勢をとって、皇居《こうきょ》に向かって敬礼《けいれい》（その当時は宮城遙拝《きゅうじょうようはい》といいました）をしたのち、おもむろに、軍歌などを歌って、戦意高揚をはかるなんて気持ちはサラサラ持てなかったのです。

女の歌手でも戦闘帽をかぶったりして見せる中で、私はエナメルも落としませんでした。口紅も色濃くひき、ハイヒールも決して脱ごうとしませんでした。私の〈ブルース〉を歌うことに命をかけていたといってもいいでしょう。

§

灯火管制《とうかかんせい》で部屋もステージも暗く、夏でも灯りを外に漏らさないための遮断幕《しゃだんまく》で風も通らないむし暑さの中で、私は怒りや悲しさやくやしさ、憤りをすべて燃やしながら、私の歌を歌い続けていましたが、それももう「時」の問題になっていました。

淡谷のり子の歌は「頽廃的《たいはいてき》」で「時局柄《じきょくがら》好もしからざるもの」と、その筋から、排撃《はいげき》され出していたのは、私自身よくわかっていました。

いつ「私の歌」を歌えなくなるか知れなかったので、私はまるで死期の近いことを知った人のように、必死に「私の歌」にしがみつき、歌える間に思う存分歌っておけ、という追いつめられた気分になっていきました。

昭和十六年、いよいよアメリカとの戦争が始まってからというもの、「私の歌」などまったく望むべくもない時代になってしまいました。

ジャズもタンゴもシャンソンも、外国の歌は何もかも、歌うことはおろか、レコードをもつことさえダメになりました。軍部は私の〈別れのブルース〉をラジオ放送禁止処分にしてしまいました。レコードも発売禁止になりました。

その反面、軍は私を恫喝《どうかつ》しつつ、外地の兵隊さんたちの慰問《いもん》に追いたてました。満州《まんしゅう》、北支、中支……。

それでもまだ、私はじょっぱり通して（じょっぱりとは青森の方言で意地っぱりのこと）赤いエナメルもやめず、モンペも断固はきませんでしたが、歌はモンペをはかされたも同じことでした。

ステージではどうしても軍歌を一つか二つ歌わなくてはなりません。それを私は〈見よ東海〉とか〈紀元は二千六百年〉だけに限っていました。

それを勇ましく歌っていると、心の底からバカバカしさがこみあげ、反動で楽しくなってきて、

「天皇陛下万歳とォ」

のところまでくると、もうおかしさがつのってきて、ありったけの声を張り上げて、

「てん、のう、へいっか、ばんざいっとうっ……」

と滅茶苦茶な歌い方をせずにはおられませんでした。すると、客席もうっぷん晴らしの気分になれるのか、大変な拍手がわくのです。

みんな、毎日の戦いでそれでなくとも気分が重いのに、そこにわざわざ歌手がきて、「しっかり戦え」の「お国のため」のという軍歌を歌うのなんか聞きたいわけがあるでしょ

うか。

歌などというものは、どんなに権力で強制したところで、人々の心にしみ通るものではありません。勇ましい歌で戦いに勝てるのなら、軍備も何もいりはしません。

軍の上層部は気がどうかしていると思わずにはいられませんでした。兵隊さんたちが喜ぶ歌は禁止、それで慰問はしろですから、弱い父親が外で思うようにいかない腹いせに、家に帰って女房子供に当たるように、みんなが聞きたい歌、歌いたい歌をいじめているようなものでした。

§

ブルースが禁止されてから、私は上海へ送られて、東京の兵隊さんたちの前で歌いました。そのとき、兵隊さんのほうから、どうしても禁止されている〈別れのブルース〉と〈雨のブルース〉を歌えといってきかないのです。

これほどまでにいうのなら、と、私は罰を受けたってかまうもんか、と決心して歌い出すと、監視についていた将校さんたちがわざと廊下にスッと消えたりしてくれました。

兵隊さんたちはみんなポロポロ涙を流して聞いてくれました。私だって泣けてしかたありません。終わって廊下に出ると、先ほどの将校さんたちがやはり廊下で涙を流しているので

す。どんな力をもってしても、人の心だけは自由になるものではないと、そのとき強く感じたのです。それで、

「淡谷のり子がもんぺをはくことはない。私は私のまま歌い続けよう」

と固く心に決めたのです。

ますます戦況が厳しくなると、もう私の歌う場所はどんどんなくなっていきました。私に許されたのは、海外へ向けた「東京ローズ」の宣伝の前にはさむ歌ばかり。これは敵国内の人心攪乱《じんしんかくらん》のための放送なので、外人がふと耳を傾けるような歌なら何でも歌えますから、その点ではうれしかったのですが、歌は聞いてくれる人の反応あってこその歌う喜びです。マイクに向けて、これも防害電波で海の上に飛び散るかと思って歌うのは、表現しがたいほど空《むな》しいことでした。

空襲警報と食糧難、ますますとげとげしくなる軍……、戦争はもう光をひとつももたらすものではありませんでした。

長年つきあってきたレコード会社が涙金で一方的に解約をつきつけてきました。もう私は使いようがないというわけでした。レコード会社にとって、歌手なんて結局一個の商品にすぎないのです。しかし、その商品は生きて血が通っています。私という商品は、そのくやしさに、胸が煮えくり返っているのでした。

どこまで行っても暗い道と思って歩いていたところにポカッと光が射したように、終戦が訪れました。

終戦は山形県巡業の最中に聞きました。負けたらどうなるのかまったく予想もつかないことでしたが、今より悪くはなるまいと思ったことは確かでした。

歌がもとのように歌えるようになるとは、まだまだ信じていませんでしたが、何と三日目に、山形県庁の役人が私たちの宿をたずねてきて、

「進駐軍の先発隊が急行してくるので、進駐軍向けに、ショーを組んでやってほしいのですがね」

とヌケヌケというのです。

これまでさんざんいじめぬいておいて、敗戦と決まった途端に、今度は進駐してきたアメリカ兵のご機嫌とりに私を使う……。

目の前にいる役人にいままでのくやしさをぶちまけたって、どうなるものでもなく、それより、とにかく自由に歌えるというだけで私はとてもとても嬉しかったのです。

私は、〈ラバー・カムバック・ツー・ミー〉とか〈ラ・クンパルシータ〉など、戦争中は

弾圧されて歌えなかった歌たちに、久しぶりに陽の目を見せてあげるような気持ちで、次々に歌いまくりました。

東京に戻ってからもアーニー・パイル劇場（現在の東京宝塚劇場）でタンゴ、シャンソンを歌うようになったのです。まさに夜明けを迎えたような気持ちでした。やはり、音楽はすべての人の心に共通するもので、アメリカも日本も、勝者も敗者も関係ないのです。デビューから戦争が終わるまで、苦労のしっぱなしでしたが、その甲斐あって、私はずっとこうして歌い続けてこられました。派手な人気も出たことがありません。ただジワッとファンの方々が支えてくださったのです。

戦争もありました。今では考えられないような貧しい時期も長くありました。すべてを乗りこえ、何に導かれるでもなく歌い続けたのは、まわりの人々の声に応えたかったから、いえ、ただ歌とともに生きていたかったからだけなのです。

精神的に自立する

老人ホームに慰問に行ったら、こっちが一番歳上なんですよ。

「おじいちゃん、お元気そうですね。お幾つですか？」

「私は七十二歳になります」

「まあ、七十二なんて、すごく若いじゃないですか。私、もうとっくに八十歳すぎてるんですよ」

なんて具合です。

私自身、八十歳になるまで、もう年だなんて意識、全然ありませんでした。八十歳になっていきなり感じましたけどね。

日本人っていうのは、六十歳すぎた頃からやたらと「年だから、年だから」って言うでしょ。六十代、七十代で、自分のこと年だなんて思っちゃダメですよ。

その辺が、どうも垢抜けないのね。それだから、あるときから急に、ほんとに年寄りくさくなってしまう。

そもそも若いときから日本人は考え方やライフスタイルに、しゃれっ気ってものがあまりないから、年齢を意識した途端に、外見も中身も地味でドョーンとくすんでくる。その点、外国だと年を経て「やっと私もピンクの似合う年になりました」なんて言って、おしゃれを楽しむ。楽しみや生きがいの見つけ方が上手なんですね。

そして、何より精神的に自立している。

我が家は、二歳違いの妹が同じ屋根の下にいて、敷地内の別棟に娘夫婦が住んでいます。ひとつの家族で思い合ってはいるんだけど、お互いに干渉し合わないんです。みんなが、それぞれ独立し合ってる。

私が倒れてからリハビリに精を出してると、とてもあたたかく見守ってくれて、でも差し出がましいことはいっさい言わない。

多分、娘は「お母ちゃまは、もう歳なんだから、仕事はきれいにやめたほうがいいな」と思ってるんでしょうが、「それでも、お母ちゃま自身のためには、仕事してるほうがいいんだろうな」と察してくれて、黙って見守ってくれてる。

そして私も、娘夫婦の生活には〝どうぞ好きなように〟という姿勢でずーっと通してます。

いい年寄りでいるためには、何かひとつ若い人から尊敬されるものを持っていて、精神的に自立していること。このふたつの条件が大切だと思いますね。

自分のことばをもちなさい

私はご覧のとおり、明治、大正、昭和と生きてきました。いまの若い人たちにとっては、私の話はズレて聞こえるかもしれませんが、私が長い人生の中で得てきたものは、「本物」だと自信をもっています。

人が人として生まれ、一人前になっていくうえで、親をはじめ世の中の人々から常識というものを教えられます。常識というのは「大人」には必ず備わっているべきものであって、人と人とをつなぐ共通のことばにも等しいものではないでしょうか。

「常識をわきまえる」というと、「あーあ、またか」と思うでしょうが、常識というのは人間の体でいえば「健康」と同じです。健康であってこそ、人間はまともに生きていけるように、常識がまずあってこそ、個性も仕事の実力も愛情も語れるのです。

いまの若い人に欠けているのはこの「常識」かもしれません。

よく、「話せばわかる」とかつてはいわれたものですが、常識がないといくら話し合ったって無駄なのです。

理屈や難しい言葉は、よくその口をついて出てきますが、それは空しい言葉の羅列《られつ》にすぎません。結局何がいいたいのか相手に伝わらないのです。

それは自分のことばを持っていないからです。借りてきたことば、本質がわからないことばで話しているからです。

それはことばだけではありませんね。最近の若い人は、本当に喜怒哀楽《きどあいらく》の表情が乏しいと思います。うれしいんだか悲しいんだかサッパリわかりません。みんな、のへーっと同じ顔しています。

というのは、今は何でも安易に手に入ってしまうからで、それが逆にほんとに気の毒なことだと思うのです。私たちの時代は必死に苦労なり努力なりして、自分がほしいもの、求めるものを探し出したものです。すべての物や情報があふれているいま、かえってほしいものが何かさえわからなくなっているのでしょう。

男も女も、人生に対する「けじめ」がなさすぎるのです。

頭でものを考えるといいますが、本当はことばでものを考えるんですよ。いくら英語の達者な人でも、じっくり考えるときは日本語で考えるということを聞いたことがあります。なのに、そのことばが借りもの、ニセモノだったら、自分の足元をみつめることなんてできっこありません。そのことばというのは、実は常識という畑に成るということを忘れてほしくないのです。

日本という国に

いまの日本に対しては、もう愛想《あいそう》を尽かしています。どうしてこんなひどい世の中になったのかと思うだけ。これから先は、どうなるんでしょうかね。

このままいくんなら、いっそのこと、なくなったほうがいいのかもしれない。お米の騒動ひとつとっても、ただあさましい限り。外国のお米だって、炊き方や調理の仕方でおいしく食べられるのに、その工夫をしないで、ただ文句を言ったり、ブランド米を買いあさったり。世界には、飢えてる人がいっぱいいるっていうのにですよ。なんて情けない。

日本は、ほんとにダメになったと思うけど、こうやったらなんとかましになるのでは、というようなよくしていく手段は、まるで思い浮かびませんね。絶望的といってもいい。

躾《しつけ》がなってないんだから。子どもじゃなくて、大人から変わっていかないとダメですよ。戦争中、今日生きることが精いっぱいで、なんにも考える余裕のなかった子どもたちが成長して、いま親になっているんですから、教育や躾の問題も結局は戦争の後遺症ですよ。

あの戦争が間違いだったのね。戦争さえしなければ、こんな世の中にならなかったんじゃないかと思います。

私も戦争中は、ひどい目にあいました。戦争中なんだから、お化粧しちゃいけない、ドレスを着ちゃいけない、かかとの高い靴も履いちゃいけない。もんぺをはけ……そう言われ続けたのをいっさい無視したもんだから、憲兵に捕まって日本刀で脅かされた。でも、私が毅《き》然《ぜん》としてたもんだから、向こうも呆れ返っちゃってましたね。

慰問にも随分行きましたけど、リクエストされた禁止されている外国の歌を歌うと、憲兵がスーッといなくなっちゃった。私は止めてもきかない女だって向こうは知っていましたし、だとしたら、自分たちはせめて同席するわけにはいかないと座をはずしたんでしょう。

いま思うと、よくやったなと思いますね。戦争中に日本軍の前で、敵国の歌を歌うなんて……。でもこっちだって、慰問にきてくれと言われたら行きましたけど、一銭ももらってないんだから、ステージでは強かったわけです。文句があるなら、呼ばなきゃいい。実際そう思って、堂々と外国の歌を歌っていましたよ。

日本って国、言っちゃいけないけど、若いときから好きでない。文化の程度だって、低すぎますよ。

私、こう言ってはなんですが、日本でまだどこからもご褒美をもらわないうちに、外国からもらいましたよ。

アルゼンチンは、タンゴを日本で最初に歌い広めてくれたことに感謝するって賞をくれましたし、ブルガリアからも賞をもらいました。外国では、ちゃんとその人の功績を評価してくれるのに、まだその時点では私、日本から何もご褒美もらっていませんでした。

だからその後、紫綬褒章や勲四等宝冠章を日本からもらったとき、なんだかあまり感激しなかった。だって、私はこの国で生まれて、この国で一生懸命歌ってきたのに外国のほうが先にご褒美くださって、日本はそのあとからなんて……。ちょっとおかしな話ですよね。

昭和五十六年、ブルガリア政府の招待でソフィア、ブルガスなどの都市でコンサートを開いていただいたことがあるんです。

日本語でシャンソンを歌ったあと、アンコールで〈雨のブルース〉を、もちろん日本語で歌いました。あちらではまるでなじみのない曲なので、受けるかどうか心配だったんですが、歌い終わると大喜びで立ち上がって拍手をしてくださる。コンサートが終わると、ブルガリア一というバレリーナの方が楽屋に私を訪ねてきて、「私は日本語はまるでわからないけど、あなたの歌を聴いてあまりに素晴らしく、泣いてしまいました」と言ってくださった。

ああ、ブルガリアまできてよかったなと思いましたね。言葉はわからなくても、こうしてちゃんと伝わるんだということを実感しました。

でもいまの日本に、外国のいい歌を言葉を超えてしみじみと鑑賞するお客さんが、いったいどのくらいいるかと考えると、少し悲しくなってきます。

歌だけでなく、あらゆることに、いまの日本の状況は手がつけられないほどひどい。そのうち良き日本は姿を消していくんじゃないかというのが、いまの私の正直な感想です。

いまの芸能界に

なんとかしないとダメになると思って、ズバズバ直言してきた私が、この頃だんだん元気がなくなってきてるんです。私一人じゃあ、どうすることもできないっていう無力感にとらわれてしまって。ほんとに芸能界はいま、落ちるとこまで落ちましたね。

歌もお芝居も、本物こそが大事なのに、見回せば偽せ物ばかり。

この間もＮＨＫに行ったときに川口《かわぐち》会長に、

「川口さん、いい加減に、ほんとの音楽番組つくってちょうだいよ」

って嘆願したんですが、一人や二人の力では、もうどうしようもありませんね。

いま、テレビの歌番組を見ていて、〝ああ、この子はほんとに勉強すれば将来伸びそうなのに、もったいないな〟なんて思わせる子は一人もいません。

そして、心がないんですね、この頃の子は。教養がないから心もないの。私、何が嫌いって品性下劣な人間が一番嫌い。

それに、いまの芸能界は素人でも歌い手になるでしょう。ローラースケート履いて歌を歌うなんて、アレ、バカですよ。なんにも勉強しないで歌い手になったから、大事な基礎がまるでない。

タレントじゃなくて、タラント。歌手じゃなくてカス、それも粗大ゴミですよ。芸能人なんて、芸がないから芸NO人《ゲイノウジン》っていうんじゃないかしら。

一曲売れたらスター気取りで、お付きをいっぱい連れて、ふんぞり返って歩いてる。あの姿見ると、ほんとに嫌ですね。教養のカケラもない。

それに第一、常識ってものがなさすぎますよ。スターだからって、楽屋に子ども連れてくるなんてとんでもない。私も子ども産んで仕事を続けた女だけど、娘が楽屋にくることを絶対に許しませんでしたよ。楽屋は大事な仕事を前にした、いわば戦場。そこに子どもなんか連れてこられたら、戦意を喪失してしまいます。

それに、子どもにだっていい迷惑。働く女としても母親としても、合格点はとても上げられません。

歌い手としてデビューしたくせに、売れなくなったら役者になるっていうのにも、腹が立ちますね。中途半端な人間が何をやったって、人の心を打つことはできない。

衣装だって、なんだかクレージーですよ。紅白歌合戦を見たアメリカ人が変な顔して、私にこう言ったんですよ。

「日本って、おかしな国ですね。年末のこの忙しいときに、あんな大がかりなオーディションやるなんて」

つまり彼らの衣装を見ているると、とてもプロとは思えない。素人がオーディションを受けにきてるところを、実況中継してるにちがいないって言うんです。なるほど、もっともな意見だと頷いたものです。

小林幸子《こばやしさちこ》のドレスにいっぱい電球をちりばめた衣装の感想を求められたんですよ。

「見てないけど、どんなドレス？」

「電球がいっぱいついてるんです」

「そんなたくさんつけるぐらいだったら、ひとまとめにして大きな丸い電球一個、持って出ればいいのに」

これには爆笑されてしまいました。

私の演歌嫌いは有名ですが、演歌の歌い手に、随分嫌なのばっかり残ってるのね。

昔、『日本歌謡選手権』という番組の審査員をしていたことがあるんですが、ここから出てきた演歌の歌い手が多いんですよ。いま、テレビを見てて後悔してますよ。彼らのあまりの下手さに。あれなら、世の中に出さないほうがよかったと心から思います。

演歌の歌い手は、みんな嫌いですね。ただし、森進一《もりしんいち》君とは仲良し。

「私はあんたの歌は嫌いだけど、人間としては好きだからつき合うのよ」

森進一君には、こうズバリと言います。彼は、楽屋にもきちっと挨拶にくる、礼儀正しい好青年です。

演歌なんてケチくさい歌は、みんなロープで縛って、油かけて燃やしたいって言ったら、永六輔《えいろくすけ》さんが「それなら僕は、横からうちわであおぎます」って。彼もそれほど演歌が嫌いなんです。

それにしても、これから歌い手になってスターをめざしてやろうと思ってる人には、とにかく勉強してほしいですね。やっぱりクラシックをきちっと勉強してから、歌い手になってほしい。基本はクラシックですから。本物をめざすなら、ぜひ、ぜひ、土台をきちんとつくってほしい。

楽屋でアイドル同士の話を聞いてると、歌の勉強の話なんか全然しないで、やれ貯金通帳にこれだけたまったとか、どこそこのラーメン屋はおいしいとか、くだらない話ばっかり。譜面もろくに読めないで、練習してると思ったら、歌の振りばっかり。こんな歌い手、許せませんよ。

ここまでくると、芸能界がどこまで落ちていくのか、トコトン見てみたいとさえ思います。とにもかくにも、もっとも嘆かわしいのは、あらゆる分野で、いまの日本の若い人たちは基礎を全然勉強していないこと。でも、こんなふうに私一人嘆いてみても、もうどうしようもないのでしょうか。

日本という国は、私の知っている限り、どんどん嫌な方向に進んでいますね。時代が変わってしまったんだと言ってしまったら、それで終わりでしょうけど……。

でも、もし私の小言をもう少しだけ、この本を読んでくださってるみなさんに聞いてもらえるのなら——、私のすごしたよき時代の日本人の思いやりを、私流に言えば〝心〟を取り戻して生きていってほしい。

そして、若い人たちには私のすごしたよき時代のいいモノ、いいコトを大切にして、ぜひ残していってほしいんです。なぜなら、私が八十七歳になったいま、ほんとにあの時代に生きていられたことをよかったと思っているから。

それにしても、日本はこの先、どんな国になるんだろうと考えると居ても立ってもいられません。でも……まあ仕方ありませんね。私はこの辺でお役ご免で、そろそろお迎えを待つことに致しましょう。

今度は、パリジェンヌに

死んだら、すべておしまい。そう考えてる私ですから、生まれ変わりなんて、そもそも信じてなんかいないんです。

でも、もし今度生まれてくるんだったら、やっぱり女がいいな。それもフランスの女。パリジェンヌがいいですね。そして、今度こそほんとにフランス語のシャンソンを歌いたい。私はフランスの文化、フランス語、フランス的なものがなんでも好きです。

でもずっと、シャンソンは日本語で歌ってきました。なぜって、私は日本に生まれた日本人だから。歌のうえでだけフランス語を使うのは、所詮、まやかしです。〝言葉には魂がある〟と信じて、日本語を大切に大切に私は歌ってきました。

そういえば、いつでしたかフランス大使館の人から「シャンソンを歌う歌い手に、あんなひどいフランス語で歌わないよう、あなたから言ってくれませんか。まるでフランス語が侮辱されているみたいで、とても聴くにたえられない」と言われたことがあります。

なるほどな、と思いました。ほんとは大恥をかいているのに、本人はそれに気づくどころか、付け焼き刃のフランス語で得意になって歌っているんです。大変恥ずかしいことです。

それはともかくとして、そうですね、今度生まれてくるのなら、フランスで。とにかく美しく生まれることが望みです。

美しいものが私は小さい頃から大好きで、子どもの頃、私の生家の呉服屋さんに着物を買いに、芸者さんが入っていく姿を見て、大きくなったら芸者さんになりたいって憧れたくらいなんです。

今度は絶対、美しく生まれてきたいですね。いつだったかフランスに行ったとき、街角に立っている娼婦に見とれたことがあるんですよ。夕方、薄暗くなり始める頃、方々に立ってるんです。雰囲気がすごくあってて、とてもきれいだった。

帰国後、娼婦のことを歌った〈昨夜《ゆうべ》の男〉（なかにし礼《れい》作詞）という曲が私のためにでき上がってて、待ってましたとばかりに飛びつきました。

〝昨夜《ゆうべ》抱いた男は、肌の冷たい男だった〟

という歌い出しで、最後は〝会いたい〟でおしまい。パリで見とれた娼婦のことを思い出しながら、気持ちのたっぷり入ったレコーディングをしました。

フランスに生まれてくるとして、場所を選ぶなら、ニースがいいですね。一回しか行ったことはないんだけど、妙に私の肌にぴったりと合って、もう日本に帰りたくないと思ったくらい。

あのとき、ニースの街にとても懐かしいものを感じて、ずっと以前、ここで暮らしたことがあったのではないかとさえ思ったの。そして、青森で私が生まれたのは、やっぱり間違ってたな、と思いましたね。

編者あとがき　歌も、メイクも、ファッションも、生き方も、何もかも最先端だった。

「好きなことを離れずにやっていくと、それはその人の魔法になる」

角野栄子さんのこの言葉のように、好きなことを手放さないできた人たちにとって、その「手放さなかったもの」は、その人の魔法になっていると思う。淡谷のり子さんの歌も、お洒落も、生き方もそうだ。

淡谷のり子さんをモデルにした歌手が登場する朝の連続テレビ小説の中で、主人公のスズ子に母親がこんな風に言う。

「人は、自分がこれや！　と思うことで生きていくのがええ」

何とすてきな真実だろうと思いつつ、私の中で、この言葉は淡谷のり子さんの生き方とも重なっていた。

ただ、「これや！」というものを手放さないでいることはとても難しい。その途中で、何度もお試しがある。覚悟が問われるのである。

淡谷のり子さん自身、そういう場面に何度も遭遇している。しかし、彼女は「これというもの」、つまり、歌を手放さずに生涯を貫いた。天晴《あっぱ》れである。また、歌だけではなく、その信念にもゆるぎがない。常に自分を信じて思いを貫いた。これもまた、実に天晴れである。

そして、淡谷のり子さんのエッセイには、そうしたものがしっかり貫かれていると思う。

私自身、歌手としての淡谷のり子さんについてはあまり詳しくないのだが、ある雑誌で紹介されていた

「ピンクの似合う年になりました」という言葉に心惹かれ、このことをキッカケにして淡谷のり子さんのエッセイを読むようになった。読むたびに背筋が伸び、淡谷のり子さんの背骨をもらったような気になったものだ。

その後、ものまね番組の審査員としての淡谷のり子さんを見る機会が増えたのだが、その胸のすくような発言は、どれも私にとってツボだった。あたりさわりではない、きれいごとではない、真正直で辛辣な物言いにスカッとし、その中にある愛と真実に惚れてしまった。

ところが最近、叱ってくれる大人が少なくなり、あたりさわりのない物言いばかりが横行している。毒にも薬にもならないことや人ばっかりだ。何だかつまらない。だからなのか、時々、淡谷のり子さんに叱られたいと思うことがある。淡谷のり子さんに叱って欲しいと思うことがある。

ご存じない方も多いかもしれないが、淡谷のり子さんは「ブルースの女王」と呼ばれた有名な歌手だった。東洋音楽学校（現在の東京音楽大学）で声楽を習い、「十年に一度のソプラノ」と絶賛されたという。最初はクラシック歌手として活動したが、家計を助けるために流行歌も歌うようになり、昭和十二年に発売された「別れのブルース」がミリオンヒットに。その翌年に発売された「雨のブルース」もまたヒットして、淡谷のり子さんは、その時代を代表するスターになる。

歌手としても大成功し、金銭的にも恵まれていた淡谷のり子さんだったが、ほどなくして第二次世界大戦が始まり、国全体が軍事色一色に塗り込められる。戦争が長引くにつれ、英語が禁止され、ゼイタクは敵だ、とされる中、「ゼイタクは敵だ、といっても、モンペをはいて、ボサボサ髪でステージに立って、〈巴里の屋根の下〉など歌えますか」「これは私の戦闘準備なの、ゼイタクなんかじゃありません」と、モンペははかず、口紅を濃く引き、ハイヒールも決して脱ごうとしなかった。また、軍歌も歌わなかった。

どんな力をもってしても、人の心だけは自由になるものではないと、そのとき強く感じたのです。それで、

「淡谷のり子がもんぺをはくことはない。私は私のまま歌い続けよう」

と固く心に決めたのです。

こうして華やかなドレスを着た淡谷のり子さんは、覚悟と信念、プライドを持って、本気でステージに立つ。そんな彼女の歌を、兵隊さんたちはボロボロ涙を流して聞いたという。

余談だが、お洒落に投資してきたという淡谷のり子さんがそれに費やした総額は、現在の貨幣価値に換算すると八億円にもなるという。並みのお洒落さんではない、とことん、なのである。

こうした生き方に裏打ちされた淡谷のり子さんの言葉は、心に深く響く。時に頬をビシッと打たれ、時に大きな愛で包まれる。この本に収録したエッセイは、私たちの人生の大先輩、淡谷のり子さんからの贈り物なのだと思う。かくして読者としての私たちは、それぞれの峠を越え、本当の人生を見つけ出してゆく「魔法」をもらったのではないだろうか。そんな気がしている。

早川茉莉（編集者）

＊本書は編者・早川茉莉によるオリジナル・アンソロジーです。
＊以下の書籍を底本といたしました。
『一に愛嬌二に気転　「頭の悪い女」といわれないために』ごま書房　一九八七年
『生きること、それは愛すること　人生は琥珀色のブルース』ＰＨＰ研究所　一九八三年
『私のいいふりこき人生』海竜社　一九八四年
『のり子が明かすおしゃれのヒ・ミ・ツ　99のヒント』産心社　一九八二年
『老いてこそ人生は花』海竜社　一九九一年

＊各作品の文字づかいは底本の表記にしたがいましたが、仮名づかいを現代仮名づかいにあらため、旧字体は新字体にあらため、あきらかな誤字・脱字については正しました。本文中、今日の観点から見て差別的と受け取られかねない表現がありますが、作品発表時の時代的背景を考慮し、原文どおりといたしました。
＊本文の著作権につきましては極力調査いたしましたが、お気づきの点がございましたら編集部までご連絡ください。（編集部）

淡谷のり子 ― あわや・のりこ

1907年（明治40年）～1999年（平成11年）青森市出身。東洋音楽学校ピアノ科に入学、のちにオペラ歌手をめざして声楽科に編入し、首席で卒業。卒業後も音楽学校の研究科に籍をおき、学校演奏会でクラシック歌手として活動するも生活が成り立たず、ポリドールからレコードデビューして流行歌を歌うようになる。デビューの翌年にコロムビアへ移籍し、古賀政男作曲「私此頃憂鬱よ」をヒットさせる一方、シャンソン、ラテン等の日本語歌唱の先駆者として多くの吹き込みを行う。1937年（昭和12年）、服部良一作曲「別れのブルース」が大ヒット。翌1938年には「雨のブルース」もヒットし、「ブルースの女王」と呼ばれた。晩年まで第一線の歌手として活躍するかたわら、人生相談、ものまね番組の審査員など、その毒舌でも注目を集めた。主な著書に『私のいいふりこき人生』『淡谷のり子―わが放浪記』『老いてこそ人生は花』などがある。

早川茉莉 ― はやかわ・まり

『すみれノオト』発行人。編著に『貧乏サヴァラン』『紅茶と薔薇の日々』（ちくま文庫）、『修道院のお菓子と手仕事』（共著、大和書房）など多数。

生まれ変わったらパリジェンヌになりたい

2023年12月20日初版印刷
2023年12月30日初版発行

著者 淡谷のり子
編者 早川茉莉
発行者 小野寺優
発行所 株式会社河出書房新社
〒151-0051 東京都渋谷区千駄ヶ谷2-32-2
電話 03-3404-1201（営業）
03-3404-8611（編集）
https://www.kawade.co.jp/

装画 勝田文
装幀・本文フォーマット 清水肇 [prigraphics]
印刷 精文堂印刷株式会社
製本 大口製本印刷株式会社

Printed in Japan ISBN978-4-309-03162-0